テキスト 金融論入門

― 銀行・証券・保険の基礎 ―

松下俊平・北島孝博・林　裕 [著]

税務経理協会

は じ め に

　大学に入学して，銀行・証券・保険などを学ぶ時に，「馴染みがない」，「難しい」と感じる人が多いようです。これまで，銀行や郵便局には行ったことがあるけれど，証券会社や保険会社となるとほとんど行ったことがないという人が大部分ではないでしょうか。本書は主として，そのようなみなさんを対象に，金融の入門書として，銀行・証券・保険の各分野について，できるだけわかりやすく解説しています。金融の分野について学ぼうとしている人たちが，「〜とは何だろう」，「〜とはどういうことだろう」と思っていることに留意して書かれています。

　銀行については，地方銀行の統合・再編や中央銀行による非伝統的金融政策など，最近大きな変化が起きています。その変化がなぜ起きているのかを深く理解するためには，表面上で起きている変化を単に知るだけでなく，銀行・金融の知識と結びつけて考えることが必要です。そこで，金融と関係の深いお金について，その機能や役割をまず紹介し，それから銀行の機能と業務，中央銀行の機能と役割といった，銀行に関する基礎的な知識について解説していきます。

　証券については，銀行や保険と比べても，より馴染みが薄いと思われるかもしれません。しかし，新NISAが2024年に始まるなど，将来のための資産形成において，証券投資の重要性はますます高まっています。一方，日本における金融教育が本格的に始まったのは，つい最近のことであり，証券投資の基礎となる知識は，まだまだ不足しているのではないでしょうか。そこで，投資について考えるうえで知っておくべき証券や証券市場の基礎的な知識が得られることに力点を置いて解説していきます。

　保険については，最も優れたリスク処理手段といわれていますが，その内容については，あまり知られていないようです。運転免許を取得したら自動車保険，マイホームを建てたら火災保険・地震保険，就職・結婚の際には生命保

険・医療保険といったように，これから先の人生の折々で保険との関わりが出てきます。将来，保険を利用する時に役立つよう，保険の仕組みをわかりやすく解説していきます。

　本書は，銀行・証券・保険の基礎知識を整理したものです。それぞれの業態の仕組み，違いを知るうえで必要な基礎知識を身につけることができ，将来，金融機関で働きたいと考えている人にとっても，また，金融の知識を生活や仕事に役立てようと考える人にとっても，参考になるものと考えています。

　最後に，本書の出版にあたって，多大なご尽力をいただきました，税務経理協会の鈴木利美氏に，お礼を申し上げます。

2025年2月

著者一同

目　　　次

はしがき

第1章　貨幣と金融

第1節　貨幣の機能とかたち ……………………………………… 2

　　1　貨幣の機能と役割 ……………………………………… 2

　　2　貨幣の変遷 ……………………………………………… 3

第2節　現代の貨幣の形態 ………………………………………… 4

第3節　マネーストック …………………………………………… 5

第4節　決　　　済 ………………………………………………… 7

　　1　決済とは何か …………………………………………… 7

　　2　キャッシュレス決済 …………………………………… 8

　　3　日本におけるキャッシュレス決済の概況 ……………… 9

第5節　金融と経済 ………………………………………………… 10

　　1　金融と経済 ……………………………………………… 10

　　2　金融市場とその種類 …………………………………… 12

第2章　銀行の機能と業務

第1節　金融機関の種類と役割 …………………………………… 16

第2節　銀行の業務 ………………………………………………… 18

　　1　預金業務 ………………………………………………… 18

　　2　貸出業務 ………………………………………………… 20

　　3　為替業務 ………………………………………………… 21

　　4　銀行によるその他の業務 ……………………………… 22

第3節　銀行の機能 ………………………………………………… 22

　　1　金融仲介機能 …………………………………………… 22

	2	決済機能 ………………………………………………	23
	3	信用創造機能 ……………………………………………	23
第4節		銀行のバランスシートと収益の構造	25
	1	銀行のバランスシート（B／S）………………………	25
	2	銀行の収益 ……………………………………………	27
第5節		銀行業を取り巻く近年の課題 ……………………………	29

第3章　中央銀行の役割と機能

第1節		中央銀行の機能 ………………………………………	32
	1	発券銀行 ………………………………………………	32
	2	銀行の銀行 ……………………………………………	33
	3	政府の銀行 ……………………………………………	34
第2節		金融政策 ………………………………………………	35
	1	金融政策とは何か ……………………………………	35
	2	従来の金融政策手段 …………………………………	36
	3	非伝統的金融政策 ……………………………………	38
第3節		プルーデンス政策 ……………………………………	41
	1	プルーデンス政策とは何か …………………………	41
	2	事前的対応としてのプルーデンス政策 ……………	42
	3	事後的対応としてのプルーデンス政策 ……………	45

第4章　証券の基礎

第1節		証券とは何か …………………………………………	48
	1	金融取引と証券 ………………………………………	48
	2	金融取引の機能と証券 ………………………………	50
	3	間接金融と直接金融 …………………………………	52
第2節		株式 ……………………………………………………	53
	1	株式の特徴 ……………………………………………	54

目　　次

　　2　株主の権利 ……………………………………………… 55

　　3　株式の種類 ……………………………………………… 56

第3節　債　　　券 ………………………………………………… 57

　　1　債券の特徴 ……………………………………………… 57

　　2　債券の分類 ……………………………………………… 58

第4節　証券の価値 ………………………………………………… 60

　　1　金利と利息 ……………………………………………… 61

　　2　将来価値と現在価値 …………………………………… 62

　　3　債券の価値 ……………………………………………… 65

第5章　証券市場と証券業務

第1節　証券市場とは何か ………………………………………… 68

第2節　発行市場と流通市場 ……………………………………… 69

　　1　発　行　市　場 ………………………………………… 69

　　2　流　通　市　場 ………………………………………… 70

第3節　証券市場の機能 …………………………………………… 72

第4節　証券会社の業務 …………………………………………… 74

　　1　発行市場における業務 ………………………………… 75

　　2　流通市場における業務 ………………………………… 76

第6章　証券取引所の仕組み

第1節　証券取引所とは何か ……………………………………… 80

第2節　証券取引所における取引の仕組みと決済 ……………… 82

　　1　取　引　時　間 ………………………………………… 83

　　2　注　文　方　法 ………………………………………… 84

　　3　取引の原則 ……………………………………………… 86

　　4　売買の成立方法 ………………………………………… 86

　　5　値幅制限 ………………………………………………… 90

3

	6　売買成立後の決済方法	……………………………	90

第3節　株 価 指 数 ……………………………………… 92

第7章　保険の基礎理論

第1節　保険の仕組み ……………………………………… 96

第2節　保 険 契 約 ……………………………………… 99

第3節　保険料と保険金 …………………………………… 102

第4節　販売チャネル ……………………………………… 105

第8章　保 険 経 営

第1節　経営形態の基本分類 ……………………………… 110

第2節　相 互 会 社 ……………………………………… 110

第3節　郵便局の保険 ……………………………………… 112

第4節　共済・少額短期保険業者 ………………………… 114

第5節　社 会 保 険 ……………………………………… 115

第9章　保 険 商 品

第1節　損害保険商品 ……………………………………… 120

1　海 上 保 険 ………………………………………… 120

2　運 送 保 険 ………………………………………… 121

3　火 災 保 険 ………………………………………… 121

4　地 震 保 険 ………………………………………… 122

5　自動車損害賠償責任保険 ………………………… 122

6　任意の自動車保険 ………………………………… 123

7　自転車保険 ………………………………………… 123

8　傷 害 保 険 ………………………………………… 123

9　賠償責任保険 ……………………………………… 124

10　動産総合保険 ……………………………………… 124

目　　次

11　信用・保証保険 ………………………………… 125

12　費用・利益保険 ………………………………… 125

13　盗 難 保 険 ………………………………… 125

14　ガラス保険 ………………………………… 126

15　機 械 保 険 ………………………………… 126

16　組 立 保 険 ………………………………… 126

17　建設工事保険 ………………………………… 127

18　土木工事保険 ………………………………… 127

19　ボイラ・ターボセット保険 ………………… 127

20　航 空 保 険 ………………………………… 128

21　原子力保険 ………………………………… 128

22　積立型損害保険 ………………………………… 129

第2節　生命保険商品 ………………………………… 129

1　死 亡 保 険 ………………………………… 130

2　生 存 保 険 ………………………………… 130

3　生死混合保険 ………………………………… 131

4　医 療 保 険 ………………………………… 131

5　生前給付型生命保険 ………………………… 132

6　介 護 保 険 ………………………………… 132

7　個人年金保険 ………………………………… 133

8　変額保険・変額年金 ………………………… 133

9　信用生命保険 ………………………………… 134

10　団 体 保 険 ………………………………… 135

第3節　ART・インシュアテック・ミニ保険 ……… 135

索　　引 ………………………………………………… 139

5

第1章

貨幣と金融

第1節　貨幣の機能とかたち
第2節　現代の貨幣の形態
第3節　マネーストック
第4節　決　　　済
第5節　金融と経済

第1節　貨幣の機能とかたち

1　貨幣の機能と役割

　「金融」とは，文字どおり「資金を融通すること」を意味する。したがって，金融には，「貨幣」（すなわちお金）が密接に関わることになる。本章では，**第2章**以降の橋渡しのためにも，まず貨幣の機能と役割について見ていき，それから金融の基本的な事項や金融と経済の関係について述べる。

　まず，貨幣という概念がない世界を考えてみよう。私たちがモノ（財やサービス）を手に入れるもっとも原始的な手法は，「物々交換」である。しかし，この物々交換には，いくつかの弊害がある。第1に，物々交換が成立するためには，出会った人間同士が所有するモノと欲するモノが一致しなければならない（これを「欲求の二重の一致」とよぶ）。第2に，「シャツ1着＝米5kg」，「米10kg＝金1g」のように，あるモノの価値は，他のモノの価値によって表現する必要がある。この場合，異なる価格表示が幾つも存在し，取引は複雑となる。

　こうした物々交換において生じる非効率性や面倒を解決するために，貨幣が誕生した。貨幣には，3つの機能がある。それぞれの機能と特徴については，**【図表1-1】**にまとめている。まずは，①「交換手段」である。これは，貨幣がモノを交換する際の媒介になることを指す。これにより，物々交換の弊害だった欲求の二重の一致がなくとも，相手に貨幣を受け渡すことで，自分が求めるモノをいつでもどこでも交換可能となる。次の機能は，②「価値尺度」である。これは，モノの価値を客観的に表すことを意味する。あらゆる商品の価値を共通の単位（今日の日本では「円」）によって，簡単に比較することが可能となる。したがって，物々交換の第2の弊害を解消する。そして貨幣の3つ目の機能は，③「価値の保蔵手段」である。これは，資産を安全な形で保存（貯金）できることを指す。個人や企業は，将来の生活や企業活動のために，ある程度の資産を準備しておく必要がある。モノで準備しておくと不便かつ変

第1章 貨幣と金融

質のおそれがあるが，貨幣の形で所有しておけば，いつでも使える状態のまま価値を安全に保つことが可能となる。

【図表1－1】 貨幣の3つの機能

交換手段（決済手段）	財・サービスを交換（購入）する際の媒介となる。
価値尺度	財・サービスの価値を客観的に表す。
価値保蔵機能	資産を安全な形で保存（貯金）する。

出所：著者作成。

2 貨幣の変遷

貨幣は，歴史的に発展を遂げてきた。初期には，石や貝など自然のものを用いた自然貨幣が使われたが，そのうち，それ自体に価値があり，多くの人が欲しがる物品（布や家畜，穀物など）を貨幣としてみなすようになった。これを「商品貨幣」とよぶが，持ち運びや分割には不便であった。やがて，持ち運びに便利で耐久性に優れた金属が貨幣となり，特に金・銀が貨幣として選ばれるようになった。

紙や印刷の技術が発達すると，金属貨幣に代わり，一層持ち運びが容易な「紙幣」が登場した。当初の紙幣は，その価値の安定を保証するために一定量の金貨や銀貨と交換を認めた「兌換紙幣」であった。このようにして，金準備をもとに兌換紙幣を発行する貨幣制度を「金本位制」とよぶ。19世紀初頭にイギリスが採用したことを皮切りに，金本位制は日本を含む先進諸国において1930年代まで採用された。その後，金本位制が廃止されると，貨幣はそうした保証のない「不換紙幣」として発行されるようになった。今日では，世界中の通貨が不換紙幣として発行されている。

なお，金との兌換をしない不換紙幣を前提に，中央銀行が貨幣量や信用の供給量を管理することで，一国の貨幣価値（つまり物価）の安定やマクロ経済全体の景気変動の調整を目指す貨幣制度を「管理通貨制度」とよぶ。今日では，大半の国で管理通貨制度が採用されている。

3

第2節　現代の貨幣の形態

　現代の貨幣の形は，「現金通貨」，「預金通貨」，「準通貨」の3つに大別される。

　まず，現金通貨は，発行・流通している銀行券や硬貨を指す。特に今日では，銀行券は金などの裏付けがなく発行される不換紙幣である。

　ところで，不換紙幣は何によってその価値が保証されているのだろうか。言い換えると，日本の場合，なぜ私たちは1万円札には1万円の価値があると信じて使っているのだろうか。それは，紙幣を国家が法令によって貨幣（現金）であると定めるからである。これを「法貨規定（legal tender）」とよぶ。すなわち，今日の現金貨幣の価値は，私たちの国家に対する信認によって支えられている。

　また，国家は，現金を独占的に発行できる銀行を法律によって指定している。これを発券集中とよぶが，これにより「中央銀行」が成立する。今日の現金のうち紙幣を「銀行券」とよぶのは，中央銀行が発行するためである。わが国の紙幣も日本銀行が発行しており，正式名称は「日本銀行券」である。

　銀行券には，誰にでも受け取ってもらえる（一般的受容性），その受渡しによって支払いを完了する（支払完了性（ファイナリティ））という特徴がある。これらは，国家が銀行券を法貨として定め，強制通用力を与えているからである。これに加え，現金通貨には，いつ，どこで誰が使ったかわからない（匿名性）という特徴もある。

　次に，預金通貨は，銀行など預金取扱機関に預け入れられている当座預金と普通預金を指す。これらの預金は，いつでも現金として引き出して現金として使えるため，現金と近い性格を持つ。また，預金を銀行口座間で移動することにより，支払手段としても機能する。

　なお，こうした預金通貨は，私たちが預け入れた現金を銀行が交換する形で，銀行の債務として発行される。私たちが預金通貨を使うのは，いつでも現金に

4

第1章　貨幣と金融

換金可能であること，また，その銀行に対する信認があるからである。

　準通貨は，これは主に定期預金を指す。定期預金は，一定期間払い戻しをせずに保有する形式の預金である。したがって，流動性が預金通貨よりも低いことが特徴である。しかし，実際には，解約して現金や預金通貨に転換可能であり，通貨に準じた性格を持つため，準通貨とよばれる。

　なお，流動性とは，資産を貨幣に変換する場合の容易さの度合いを示し，その変換に要するコストや時間で測られる。容易に現金に換えられる資産を流動性が高い，現金化しにくいものを流動性が低いという。例えば，預金通貨は非常に流動性が高い一方，定期預金は満期までの間は引き出すことができないため，比較的流動性が低い資産となる。

第3節　マネーストック

　「マネーストック」とは，ある一時点において経済全体に供給されている貨幣の総量を指す。言い換えると，マネーストックは，国内にいる個人や企業，地方公共団体が保有し，流通しているお金の総額である。したがって，マネーストック統計は，金融面で経済を見るうえで最も重要な指標の1つであり，世の中に出回っているお金の量や構成について読み取ることができる。

　日本銀行が公表しているマネーストックの指標には，M1，M2，M3，広義流動性の4つがある（【図表1－2】）。とりわけ主流な指標は，「M1」と「M3」である。

　「M1」とは，現金通貨と預金通貨の合計で，マネーストックの中では最も狭義の指標となる。現金通貨と預金通貨は，モノの消費や生産等で生じる資金の受け払い，つまり決済で用いられる貨幣である。したがって，M1は，企業や個人の経済活動のために使われている貨幣の量を意味する。

　次に，「M3」は，M1に準通貨（定期預金）とCD（譲渡性預金）の合計で，より広義の指標である。わが国では，ゆうちょ銀行も含む，日本のすべての金融機関が生み出した預金が対象である。準通貨とCDを合わせて「定期性預

5

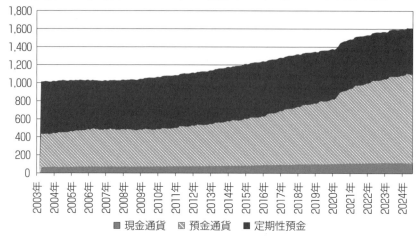

【図表1－2】 日本のマネーストック統計（2003年4月－2024年8月，兆円）

出所：日本銀行統計より著者作成。
注：Ｍ１＝現金通貨＋預金通貨。Ｍ３＝Ｍ１＋定期性預金。定期性預金は，準通貨と譲渡性預金（CD）の合計。

金」とよぶが，これらは利子収入を獲得することを目的としている。したがって，Ｍ３は，貯蓄目的の貨幣を含めたマネーストック指標となる。

Ｍ２は，Ｍ３と対象資産は同じだが，ゆうちょ銀行や信用組合，農業協同組合等（集計に時間を要するため）を除いている。広義流動性は，Ｍ３に流動性の高い金融用品（国債や金銭の信託など）を加えたもので，最も広義のマネーストック指標である。

それでは実際に，日本国内で出回っている貨幣の動向について見てみよう。

【図表1－3】は，日本国内にて供給されている現金，預金通貨，定期性預金の額の推移である。すべての合計がＭ３，現金と預金通貨の合計はＭ１となる。この図表により，まず，日本国内のＭ３は，2024年8月時点で1,600兆円を超える規模であることが見てとれる。したがって，国内には，日本経済の2.5倍を超える規模（2023年度の日本の名目GDPは591兆円）の貨幣が流通していることになる。次に，Ｍ１は1,095兆円（2024年8月時点）だが，そのうち現金は113兆円と1割程度であり，したがってＭ１の大半は，預金通貨で構成され

ていることがわかる。私たちは、お金といえば現金をイメージしがちであるが、世の中において主流の貨幣は、実のところ銀行が生み出した預金通貨なのである。

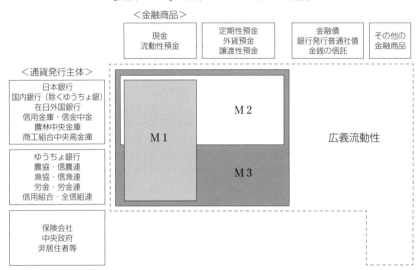

【図表1－3】 日本のマネーストック定義

出所：日本銀行『マネーストック統計の解説』を著者が一部修正。
注：銀行発行普通社債は、国内銀行を主たる子会社とする持株会社による発行分を含む。
　　その他の金融商品は、金融機関発行CP、投資信託（公募・私募）、国債、外債。

第4節　決　　済

1　決済とは何か

　前節で見てきたM1を構成する現金と預金通貨は、主に「決済」に用いられる貨幣である。
　モノやサービスの購入など、世の中のすべての経済活動には、最終的にはお金の受け払いが必要となる。決済とは、経済取引で生じる資金の受け払いを指す。

決済は，企業間決済と個人消費の決済とに分けることができる。企業間決済（ホールセール決済）は，原材料の仕入れや中間生産物の製造によって生じる，企業同士での代金の受け払いである。企業間決済では高額の取引が発生するため，預金通貨を使うのが主流である。

　他方，個人消費の決済（リテール決済）は，私たち個人が日常の消費の際に生じる受け払いを指す。個人消費の決済では現金通貨が主に用いられるが，近年は現金を用いない「キャッシュレス決済」が普及しつつある。

2　キャッシュレス決済

　キャッシュレス決済の類型は，決済に用いる貨幣の特徴から，大きく2つに大別される。まず第1に，預金通貨による決済があげられる。個人の預金通貨による決済手段の代表例として，「カード決済」がある。これは，あらかじめ預金口座とひもづけたカードを店舗に提示して支払う決済の方式である。カード決済には，その都度口座から預金が引き落とされる「デビットカード」と，一定期間の利用後にまとめて代金が引き落とされる「クレジットカード」に分けられる。他にも，日本ではあまり馴染みないが，一部の欧米諸国では小切手も個人決済の手段として使用されている。

　第2に，現金自体の形態の変化が見られ，その代表例として「電子マネー」があげられる。電子マネーとは，金銭的な価値をデジタル・データとして蓄積し，それを用いて支払いを行う決済手段を指す。日本では，事前に金銭的価値を事前に入金しておくプリペイド型のICカードによる電子マネーが普及している。日本国内の主な電子マネーとして，Suica（JR東日本）やSugoca（JR九州）などの交通系，nanaco（セブン－イレブン）やWAON（イオン）などの流通系，楽天EdyやiDなどの独立系がある。

　なお，近年では，情報通信技術（ICT）の発展により，スマートフォンを用いた決済（モバイル決済）も普及している。モバイル決済は，カード情報や預金口座情報をスマートフォンに登録したり，スマートフォン上に電子マネーを入金したりすることで利用する。モバイル決済の例として，コード決済

（PayPayやAlipay）やテック企業が開発したGoogle PayやApple Payがある。また、モバイルSuicaもスマートフォン上に記録された電子マネーを用いて決済するため、モバイル決済の1つである。

3　日本におけるキャッシュレス決済の概況

次に、日本のキャッシュレス決済の普及状況を見てみよう。【図表1－4】は、2010年以降の日本のキャッシュレス決済比率の推移である。2015年まで

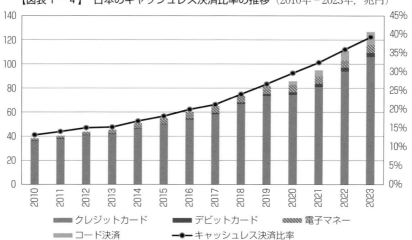

【図表1－4】　日本のキャッシュレス決済比率の推移（2010年－2023年、兆円）

出所：経済産業省ウェブサイト（https://www.meti.go.jp/press/2023/03/20240329006/20240329006.html）
注：キャッシュレス決済比率は、各決済手段の合計額を民間最終消費支出額で割って算出。
　　それぞれの元データは、次のとおり。
　　クレジットカード：日本クレジット協会調査（2012年までは加盟クレジット会社へのアンケート調査結果を基にした推計値、2013年以降は指定信用情報機関に登録されている実数値を使用）。
　　デビットカード：日本デビットカード推進協議会（～2015年）、2016年以降は日本銀行「決済システムレポート」、「決済動向」。
　　電子マネー：日本銀行「決済動向」。
　　コード決済：キャッシュレス推進協議会「コード決済利用動向調査」。
　　民間最終消費支出：内閣府「国民経済計算」（名目）。

キャッシュレス決済手段は2割を下回っていたが，2023年には39.3％まで上昇している。それぞれの決済手段の内訳を見ると，クレジットカードが最も多く（105.7兆円，2023年），次いでコード決済（10.9兆円），電子マネー（6.4兆円）と続いている。日本は，これまで現金による決済が主流とされてきたが，近年ではキャッシュレス決済も普及しつつある。とはいえ，欧米や中国，韓国と比較して，なおも差をつけられていることも留意されたい。

さらに近年では，預金通貨や電子マネーに加え，民間企業が独自の単位を持つ「デジタル通貨」を発行する動きが見られる。このようなデジタル通貨は，暗号技術を活用することで，取引の安定性を保証していることから，暗号資産ともよばれている。ビットコインは，その代表例であり，2009年に誕生した初の民間デジタル通貨である。ビットコインは，その価値に裏付けがないため価格が大きく変動するというデメリットがある。このデメリットを解消するために，実在の通貨や資産を裏付けに発行されるステーブルコインも登場している。

民間のデジタル通貨の登場を受け，近年では中央銀行が現金（銀行券）の代わりにデジタル通貨を発行することも検討されている。「中央銀行デジタル通貨」（CBDC）とよばれるこの通貨は，いわば現金そのもののデジタル化を意味する。2024年9月時点で，スウェーデンやユーロ圏，中国において実際の導入に向けた準備が進んでおり，日本でも発行に向けて検討されている。

第5節　金融と経済

1　金融と経済

金融とは，お金を信用で融通（つまり貸借）することを意味する。資金の貸借は，資金余剰主体つまり貸し手から，資金不足主体つまり借り手の間で行われる。

金融と経済の関係について，企業の生産活動の視点から見ていこう。【図表1−5】は，自動車を生産し，売れるまでの過程を簡単に示したものである。まず，企業は資金を元手に自動車の生産に必要な工場や機械を整備する。それ

第1章　貨幣と金融

から原材料（鉄やタイヤなど）を調達し，労働者を雇う。工場や機械設備と原材料を総称して「生産手段」とよぶ。こうして労働者が機械を用いて原材料を加工して組み立てると（ここでは生産工程の分業は割愛する），自動車が完成する。完成した自動車が消費者によって購入されると，企業は購入代金として貨幣を手に入れる。その貨幣を元手に，企業は労働者に給料を払い，原材料を仕入れ，一定期間で機械設備を更新しながら，生産を繰り返す。

【図表１−５】　生産活動の一連の流れ

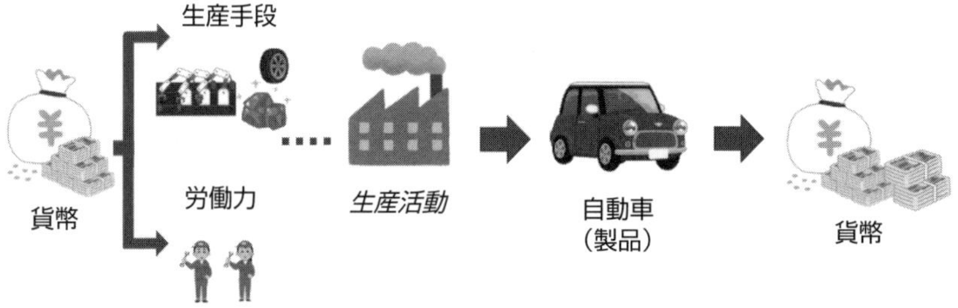

出所：筆者作成。

　こうした企業の経済活動のうち，原材料の調達や賃金の支払いのために必要となる資金を「運転資金」とよぶ。これは，企業が生産活動を続けるために，常に投入し続ける短期の資金である。他方，建物や機械の新設や更新に充てるための大規模で長期に必要となる資金を「設備資金」とよぶ。もしも企業が自身の手元資金だけで事業する場合，企業は生産した製品が売れるまで運転資金を確保することができず，また，工場や機械の更新に必要となる大規模な設備資金を確保できないという困難に直面する。金融は，企業に対してこれらの資金を提供することで，企業の生産継続や事業拡大の円滑化を果たす重要な役割を担っているのである。

　なお，金融は資金の貸借であるため，借り手は一定期間資金を利用する対価として，貸し手にお金の使用料，すなわち「金利（利子）」を支払う。金利は，いわば資金の貸し借りに対する費用であり，資金への需要と供給によって金利水準は決定する。

したがって，金利は，景気動向によってその水準が変化するため，景気の体温ともよばれている。例えば，好景気，すなわち景気が拡大すると，商品の売れ行きが好調になり物価が上昇する。企業は，生産の増強に向けて原材料の購入や雇用（運転資金），設備投資（設備資金）を増やすため，世の中の資金の供給量よりも需要が上回るようになる。こうして金融が逼迫した状態になると，金利は上昇する。一方，不景気すなわち景気が低迷すると，商品の売れ行きが低迷する。企業は投資を手控え，資金需要が低迷する結果，金利は低下する。

2　金融市場とその種類

　資金を取り引きし，そうして資金の需要と供給が調整される場を「金融市場」とよぶ。【図表1－6】は，主要な金融市場の一覧であり，各市場の特徴を元にそれぞれ分類している。金融市場はまず，相対市場と公開市場とに分けられる。相対市場は，当事者同士が直接交渉しながら金融取引をする市場であり，銀行の預金市場や貸出市場があげられる。他方，公開市場は，不特定多数に市場参加者によって取引が行われ，その需給関係によって金利や価格水準が決定される。

【図表1－6】　金融市場の類型

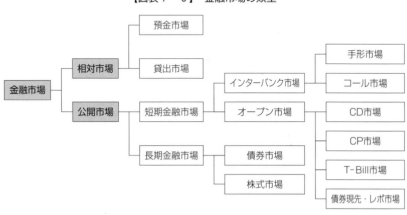

出所：中島・島村［2023］，p.110およびp.119より著者作成。

第1章　貨幣と金融

　公開市場は，満期が1年未満の短期金融市場と，満期が1年以上の長期金融市場とに分けられる。後者の長期金融市場には，債券市場と株式市場があり，ここでは証券発行者が長期資金を調達し，投資家が証券を売買する場である。短期金融市場は，さらに，参加者が銀行等の金融機関に限定されたインターバンク市場と，不特定多数が参加可能なオープン市場に分けられる。前者はコール市場や手形市場があげられ，銀行等の金融機関の間で短期の資金を融通しており，この取引に伴う資金の受け払いは，銀行が日本銀行に開設している日銀当座預金によって行われる。後者は，CD（譲渡性預金）市場やCP（コマーシャル・ペーパー）市場，T-Bill（短期国債）市場，債券現先・レポ市場があげられ，企業や個人，金融機関，政府と多様な経済主体が資金を調達・運用している。

　なお，銀行も，運転資金または設備資金を必要としている企業などの借り手に短期および長期の資金を貸し出すほか，短期および長期の預金を受け入れることで，企業や個人の資金運用手段としての役割も果たしている。また，銀行自身も公開市場で資金の運用・調達をしている。証券会社は，発行市場，流通市場のそれぞれで証券業務を行っており，企業や政府等の証券発行を支援するほか，自ら資金運用をしている。保険会社は，保証業務に加え，保険の準備金として調達した資金を金融市場で運用する金融業務も行っている。保険会社の取引規模は大きく，金融市場で存在感を持つため，年金基金と合わせて「機関投資家」とよばれている。

　以上のように，銀行，証券会社，保険会社は，金融市場においてそれぞれ重要な役割を果たしている。以降の章では，それぞれの金融機関の役割や機能を具体的に見ていく。

【参考文献】

中島真志・島村髙嘉［2023］，『金融読本（第32版）』，東洋経済新報社。
日本経済新聞社編［2020］，『金融入門（第3版）』，日経文庫。
前田真一郎・西尾圭一郎・高山晃郎・宇土至心・吉川哲生［2023］，『変わる時代の金融論』，有斐閣ストゥディア。

安田嘉明・北島孝博・林裕［2020］,『銀行・証券・保険の基礎知識』, 税務経理協会。

第 2 章

銀行の機能と業務

第 1 節　金融機関の種類と役割

第 2 節　銀行の業務

第 3 節　銀行の機能

第 4 節　銀行のバランスシートと
　　　　収益の構造

第 5 節　銀行を取り巻く近年の課題

第１節　金融機関の種類と役割

　本章は，民間の銀行について着目する。具体的には，まずわが国の金融機関の種類を概観し，銀行をはじめとする預金取扱機関の特徴を把握する。それから，銀行の機能，業務と収益構造について見ていく。以上を通じて，金融における銀行の機能と役割について理解する。

　日本の金融機関は，中央銀行，民間金融機関，公的金融機関の３つに大別される。【図表２－１】は，日本の金融機関を分類した樹形図である。中央銀行である日本銀行は，「発券銀行」，「銀行の銀行」，「政府の銀行」という機能を持つ。特に，銀行の銀行は，日本銀行が民間銀行など金融機関から当座預金（「日銀当座預金」とよぶ）を預かっていることを指す。金融機関間の取引は，この預金を使って決済しているほか，金融機関が現金を必要とするときは，こ

【図表２－１】　日本の金融機関の類型

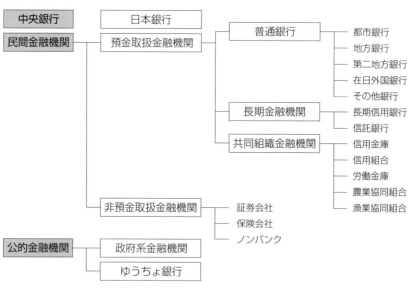

出所：安田他［2020］，p.4-5，および中島・島村［2023］，p.64より著者作成。

の預金を引き出して日本銀行から現金を受け取る。また，日本銀行は，「銀行の銀行」の機能を通じてさまざまな金融政策を行っている（詳細は**第3章**参照）。

民間金融機関は，預金業務の取扱いの可否により，銀行等の「預金取扱機関」と，証券会社，保険会社等の「非預金取扱機関」とに分けられる。

預金取扱機関は，都市銀行や地方銀行等の「普通銀行」，信託銀行等の「長期金融機関」，信用金庫・信用組合が含まれる「協同組織金融機関」に分類される。

普通銀行のうち都市銀行と地方銀行（以下，地銀）は，ともに「銀行法」に基づく金融機関であり法律上の区別はないが，都市銀行が東京や大阪等の大都市に本店を持ち，全国的な支店網を張り巡らしている。一方，地方銀行は，都道府県単位で営業基盤を持ち，県庁所在地にある本店を中心として地域に支店網を巡らしている点に違いがある。

第二地方銀行（以下，第二地銀）は，第二地方銀行協会に加盟している銀行である。1989年に相互銀行から普通銀行に転換しており，業務内容面で都市銀行や地銀との差異はなく，地銀と同じく地域に営業基盤を持つ銀行である。

地銀や第二地銀と同様に，地域経済社会にとって身近な存在である信用金庫や信用組合，農業協同組合（JA）は，協同組織金融機関とよばれている。協同組織とは，会員や組合員がいて，お互いに助け合うことを基本的な目的とした組織のことである。協同組織金融機関には中央機関があり，信用金庫の中央機関として信金中央金庫や信用組合の中央機関である全国信用協同組合連合会がある。また，農業協同組合の上部機関として信用農業協同組合連合会が都道府県レベルで設置され，さらに上部機関として農林中央金庫がある。

長期金融機関に分類される信託銀行は，「金融機関の信託業務の兼営等に関する法律」による認可を受けた銀行である。信託銀行の機能には，貸付信託や金銭信託のように，貯蓄性資金を受け入れて貸出しを中心に運用する「金融機能」と，土地信託や年金信託のように財産の管理・運用を行う「財産管理機能」がある。なお，信託銀行以外にも信託業務の一部を兼営する都市銀行，地方銀行がある。他方，長期信用銀行に該当する銀行は，1990年代のバブル崩壊

とその後の金融危機によって破綻・再編の結果，普通銀行に転換したため，現存していない。

　非預金取扱金融機関のうち，証券会社は証券業務に従事する金融機関であり，顧客が新たに発行する有価証券の引受・販売や，有価証券の委託売買，有価証券の自己売買をしている。保険会社は保険加入者から保険料を徴収しておき，特定の条件を満たす事象が発生した場合には，加入者に対して保険料を支払う。また同時に，徴収した保険料を準備金として積み立て，これを原資に資金運用をしている。

　公的金融機関は公益性が高く，民間金融機関による融資が困難な分野（社会インフラ，中小企業育成，地域開発等）において資金供給する金融機関である。民間金融機関を補完する「政策金融」を担っている。公的金融機関では，2000年代以降，郵政民営化などの民営化や再編が加速しており，日本政策金融公庫や日本政策投資銀行など6つに再編されている（2024年9月時点）。

第2節　銀行の業務

1　預金業務

　銀行は，主に「預金業務」，「貸出業務」，「為替業務」をしており，これらは総称して「三大業務」ともよばれている。

　預金業務は，個人や企業から預金を受け入れる，銀行固有の業務である。預金は，銀行の重要な資金調達手段である。他方，銀行にお金を預けると，家計や個人は銀行から一定程度の対価，つまり利子を得ることができる（すなわち，銀行にとってはコストである）。したがって，預金は，家計の最も身近な資金運用手段でもある。

　預金の種類は多様だが，大きく「流動性預金（要求払預金）」と「定期性預金」の2つに大別される（【図表2－2】）。まず流動性預金は，預金者の要求に応じていつでも現金化する（引き出す）ことができる預金である。支払手段として機能するため，現代の通貨における預金通貨に該当する（**第1章**参照）。

第2章　銀行の機能と業務

流動性預金は，主に「普通預金」，「当座預金」，「貯蓄預金」，「通知預金」によって構成されている。

【図表2-2】　預金の種類

流動性預金 （要求払預金）	普通預金　通知預金 当座預金　別段預金 貯蓄預金　納税準備預金　等
定期性預金	定期預金　外貨預金 定期積立　　　　　　　等

　普通預金は，預金者の要求に応じて払戻しが行われる預金で，一定の金利が支払われる。個人向けには，定期預金を担保とする貸越契約が付随した「総合口座」が一般的である。普通預金は，公共料金やクレジットカード代金の支払い，給与や年金の受取り口座として活用されている。

　当座預金は，企業や個人事業主が取引先への支払いを行うために使う口座である。支払いは，手形や小切手を通じて行われる。例えば，小切手の場合には，企業は，金額を書き込み，記名捺印した小切手を相手に渡す（振り出す）ことで支払いをすることができる。小切手を受け取った相手は，自身が当座預金を開設している銀行に小切手を持参すれば，小切手の振出人の口座から預金が入金される。当座預金は，小切手を振り出せる代わりに，法律により無利子とされている。

　貯蓄預金は，預金残高に応じて利子を段階的に適用する形式の預金である。普通預金と比べて高めの利子が付く一方，公共料金の引落しや給与の受取り口座として利用できないといった決済機能面での制約がある。通知預金は，預入れをしてから7日間は据え置く（引き出せない）必要のある預金である。普通預金よりも高めの利子が付き，払い戻す場合は2日前に通知，すなわち予告しなければならない。その他流動性預金として，別段預金や納税準備預金がある。

　次に，定期性預金は，一定期間の預入れが求められる，比較的流動性の低い預金であり，現代の通貨における準通貨に該当する。定期性預金は，「定期預金」，「定期積金」，「外貨預金」によって構成される。

19

定期預金は，預入期間が満了するまでは原則として払戻しのできない預金である。現在，預入期間や金利水準は完全に自由化されているが，かつて制限があった名残から，銀行が取り扱う定期預金は「スーパー定期（300万円未満）」，「スーパー定期300（300～1,000万円）」，「大口定期（1,000万円以上）」の3種類の金額階層を設定する場合が多い。その他にも，半年ごとに金利が変わる「変動金利定期預金」もある。

定期積金は，一般に月掛貯金ともよばれる預金で，積立期間を決めて定期的に一定額を積み立て，満期時に一定額（積立額＋利子）を受け取ることができる。外貨預金は，米ドルやユーロなどの外国通貨による預金で，大部分は定期預金である。金利面で有利だが，為替の変動リスクや円と外貨を交換する際に為替手数料がかかる。

2 貸出業務

貸出業務は，企業や個人に資金を提供する業務である。貸出しは，「融資」，または銀行が相手を信用して資金を貸し付けるため「与信」ともよばれる。銀行は，資金を貸し出し，一定期間後に資金（元本）に利子を上乗せした形で返済を受ける。したがって，貸出しは，銀行をはじめとした預金取扱機関の主要な資金運用手段である。

銀行の貸出しもその形式によって，「手形割引」，「手形貸付」，「当座貸越」，「証書貸付」の4つに分けられる。

手形割引は，企業が取引先から受け取った，銀行が支払期日までの利息を差し引いて買い取る（割り引く）ことで貸し出す方法である。手形割引では，銀行は，手形の額面から支払期日までの金利を差し引いて企業に預金通貨を提供する。銀行は，満期到来日に手形の振出人から手形代金を額面どおりに受け取り，その差額が銀行の収益となる。

手形貸付は，借り手が発行した約束手形を，銀行が利子を控除して買い取る形式の貸出しである。手形割引と類似しているが，手形割引は企業間の商取引に基づいて発行された手形を割り引く（したがって，手形に記載された受取人

は，手形の持参人である）が，手形貸付は当初から銀行を受取人とした手形を企業が振り出し，持参する点に違いがある。

当座貸越（オーバードラフト）は，企業が銀行とあらかじめ契約を締結のうえで，一定限度まで当座預金残高を超過して，小切手・手形の振出しを認める方式の貸付けである。当座預金残高の不足によって生じる手形・小切手の不渡りを防ぐことができるため，資金の出し入れが多い企業にとって利便性の高い手段となる。

以上の貸出しは，短期資金，すなわち企業間での原材料の仕入れや，労働者の賃金といった運転資金を企業が確保するために行われる。企業は，運転資金をその都度必要なときに借り入れるので，基本的には1年未満に返済する「短期」の貸出しが行われる。

他方，満期1年以上の長期資金の融資は，企業の工場や機械などに充てる大規模な設備資金や，個人の住宅ローンに対して行われる。長期資金を銀行が貸し出す手段として，証書貸付がある。これは，借り手から借用証書とよばれる契約書をとることで資金を提供する形式の貸出しである。元本，つまり借り入れた資金は，定期的に分割して返済する場合が多く，その際，残額に応じた利息も付けて支払う。なお，証書貸付は，担保付きとするのが一般的である。

3 為替業務

為替業務（決済業務）は，預金者の求めに応じて，現金の受渡しをせずに銀行の預金口座を使って資金を移動する業務である。一般には，「振込」や「送金」，「口座振替」などとよばれている。為替業務のうち，国内における送金を「内国為替」，海外への（海外からの）送金を「外国為替」とよぶ。

現金による決済では，現金を受け渡せば支払いは完了するが，内国為替の場合には，自身の預金口座から相手の預金口座に預金通貨を移転することで決済される。支払人・受取人がお互い異なる銀行で口座を開設していても，全国銀行協会が運営する「全銀システム」を通じて決済される。このように資金決済を円滑に行う仕組みを決済システムとよぶが，これは，経済システムや金融取

引が円滑に行われるようにするために必要不可欠な社会インフラである。

4　銀行によるその他の業務

　銀行は，この他にも，金融商品（国債や保険，投資信託）の窓口販売や有価証券投資，信託業務，証券業務などの業務も，近年は行っている。これらの業務の多くは，近年では銀行も事業が認められ，拡大してきたものである。

　戦後に形成された競争制限的な金融制度により，金融機関の業務は分業的に厳格に制限されていた。例えば，原則として，銀行では預金業務，貸出業務，為替業務のみが，証券会社では証券業務のみが認められていた（銀証分離）。その後，1970年代以降，徐々に金融自由化が進み，1996年の「金融ビッグバン」により大きく自由化が進展した。ビッグバンの内容は多岐にわたるが，例えば，銀行や証券会社，保険会社は，「金融持株会社」の設立を通じて，銀行・証券・保険それぞれの業務に相互参入が可能となった。

第3節　銀行の機能

1　金融仲介機能

　銀行の機能は，大きく「金融仲介機能」，「決済機能」，「信用創造機能」の3つに大別される。

　銀行は，人々から預かった預金を，資金を必要とする企業や個人等に提供している。このように，銀行が貸し手と借り手の資金の流れを仲立ちする役割を果たすことを金融仲介機能とよぶ。この金融仲介機能は，貸し手と借り手の資金融通を円滑にするほか，次のような役割を果たす。

　まず，銀行は，金融仲介により，短期の資金を長期の資金に変換したり，小口の資金を大口の資金に変換したりする（資産変換機能）うえ，貸し手に代わって借り手の信用リスクを負担している。また，リスクを反映した適切な金利設定により，資金を効率的に配分することで，経済発展に貢献する役割を果たす。さらに，銀行は，着実に返済を受けるために，借り手を審査・モニタリ

ングするが，その際，借り手の情報を生み出し，蓄積している（情報生産機能）。

2 決済機能

決済機能は，企業や顧客が保有する預金通貨を，預金口座の間で移転することにより，代金の受払いを行うことができる銀行の機能を指す。銀行をはじめとした金融機関は，この預金通貨の決済を円滑に進めるために，相互に結び付いてネットワークを形成している。このネットワークには，手形交換制度や全銀システム（内国為替制度）があげられる。決済機能により，個人や企業は普通預金や当座預金などを銀行に開設しておけば，日本全国の顧客との間で資金を送受することができる。

3 信用創造機能

銀行は，預金の受入れと貸出しを連鎖的に繰り返すことで，銀行全体で預金を増やすことができ，このメカニズムを信用創造機能という。

信用創造機能による預金の創出について，【図表2－3】より見ていく。銀行は，バランスシートで示している。まず，ある個人が，現金100万円をＡ銀行に預けたとする。Ａ銀行は，現金を受け入れ，個人の預金口座に100万円の預金（本源的預金）が生まれる。Ａ銀行は，手にした現金のうち10万円だけ支払準備として残し，残りの90万円を企業aに貸し付ける。支払準備を残すのは，預金者からの払戻し要求に備えるためであり，預金に対する現金準備の割合を「現金準備率」（預金準備率や支払準備率とも）とよぶ。この場合，現金準備率は10％（10万円／100万円）となる。企業aへの貸出し90万円はさしあたり預金で貸し付けられるが，企業aは預金を全額現金として引き出し，その現金90万円を企業bへの支払いに充てる。

次に，企業bは受け取った現金90万円をＢ銀行に全額預けると，Ｂ銀行に預金が生み出される（貸出しにより生み出されたこの預金を「派生型預金」とよぶ）。これを受けてＢ銀行は，現金準備を9万円残し，企業cに81万円を貸し出す。企業cは借り入れた資金81万円で企業dに代金を支払い，企業dは受け

【図表２－３】 信用創造と銀行のバランスシート

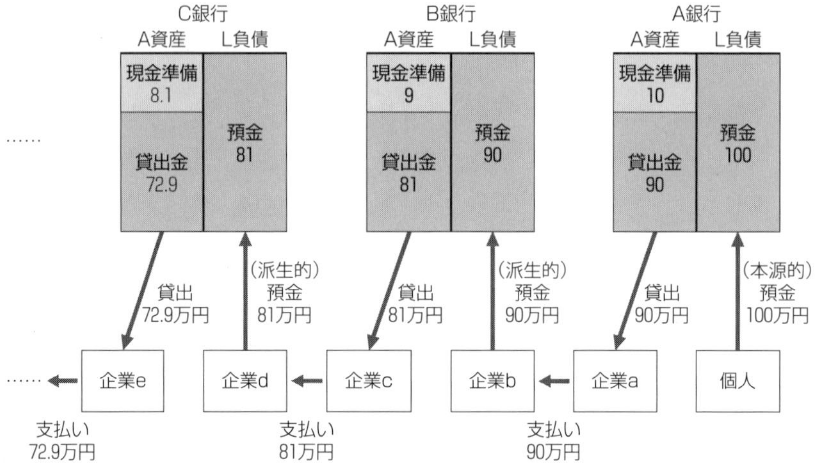

C銀行
A資産　L負債

現金準備
8.1

貸出金
72.9

預金
81

......

B銀行
A資産　L負債

現金準備
9

貸出金
81

預金
90

A銀行
A資産　L負債

現金準備
10

貸出金
90

預金
100

貸出
72.9万円

（派生的）
預金
81万円

貸出
81万円

（派生的）
預金
90万円

貸出
90万円

（本源的）
預金
100万円

......　←　企業e　　企業d　←　企業c　　企業b　←　企業a　　個人

支払い
72.9万円

支払い
81万円

支払い
90万円

出所：著者作成。

取った資金をＣ銀行へ全額預ける。このように，預金と貸出しを繰り返していくと，預金が次々と生み出され，すべての銀行にある預金を足し合わせると1,000万円になる。以上のことは，銀行は信用創造機能により，最初に預け入れられたの現金100万円をもとに10倍もの預金を生み出すことを意味する。

　なお，銀行の信用創造によって生み出される預金の総額は，本源的預金に現金準備率の逆数を掛けたものになる。すなわち，次のような計算式となる。

$$預金総額＝本源的預金 \times \frac{1}{現金準備率}$$

　この現金準備率の逆数を「信用創造乗数」とよび，現金準備率が10％の場合の信用創造乗数は，１÷0.1により10倍となる。現金準備率が変更されると信用創造乗数は変化するため，したがって銀行が生み出せる預金の総額も変化する。例えば，準備率が５％の場合の乗数は20倍となり，本源的預金が100万円であれば預金総額は2,000万円となる。他方，準備率が20％であれば乗数は５倍となり，預金総額は500万円となる。このように，現金準備率の変化により，

24

第2章　銀行の機能と業務

経済に出回る貨幣量を調整できるため，現金準備率の操作は中央銀行の金融政策手段の1つとなっている（**第3章**参照）。

第4節　銀行のバランスシートと収益の構造

1　銀行のバランスシート（B／S）

　バランスシート（貸借対照表・B／S）は，「ある時点における企業や銀行の資産や負債などの財務状況」を示すストック・ベースの計表である。B／Sは，銀行の資金調達・運用の構造を把握したり，経営上のリスクを監視したりすることができる。

　銀行の業務は，製造業のように原材料を仕入れ，機械設備を用いて製品を作るのではなく，預金や市場から資金を調達し，獲得した資金を貸出金や有価証券投資で運用するという「資金取引」が中心である。したがって，銀行のB／Sを一般事業会社と比べると，表示形式や勘定科目が大きく異なる。例えば，銀行のB／Sでは資産と負債に流動および固定の区分がないこと，繰延資産の一括区分表示がないことがあげられる。また，預金は，企業では資産項目に計上される一方，銀行では顧客からの現金の預入れや貸出しによって銀行自らの信用をもって預金を生み出すため，負債として計上される。

　【**図表2－4**】は，2023年度末（2024年3月末）の全国の銀行のB／Sである。都市銀行，地方銀行，第二地方銀行，信託銀行の110行の合計となる。銀行のB／Sのうち，資産の部は，貸出金，コールローン，有価証券，外国為替，貸倒引当金などで構成される。他方，負債および純資産の部は，預金，コールマネー，借用金（日銀借入等），純資産（資本金等）などによって構成される。

　それでは，日本の民間銀行の資金調達・運用構造について見ていく。全国銀行のB／Sの総額は，1,500兆円である。負債は，そのうち1,031兆円でB／S全体の68.7％を占めており，銀行にとって預金は主要な資金調達源であることがわかる。預金の内訳をみると，普通預金が620兆円で最も多く，次いで定期預金（271兆円）となっている。

25

【図表2−4】 全国銀行のバランスシート (110行, 2024年3月末)

		兆円	構成比%			兆円	構成比%
(資本の部)				(負債の部)			
現 金 ・ 預 け 金		378.2	25.2	預 金		1031.1	68.7
うち	現 金	6.4	(1.7)	うち	当 座 預 金	87.6	(8.5)
	預 け 金	371.8	(98.3)		普 通 預 金	619.8	(60.1)
コ ー ル ロ ー ン		9.5	0.6		貯 蓄 預 金	6.8	(0.7)
有 価 証 券		273.1	18.2		通 知 預 金	12.7	(1.2)
うち	国 債	79.4	(29.1)		定 期 預 金	271.3	(26.3)
	地 方 債	26.2	(9.6)		定 期 積 金	0.5	(0.0)
	短 期 社 債	0.3	(0.1)		その他の預金	32.5	(3.2)
	社 債	25.9	(9.5)	譲 渡 性 預 金（ＣＤ）		64.1	4.3
	株 式	25.9	(9.5)	コ ー ル マ ネ ー		16.2	1.1
	その他の証券	115.3	(42.2)	借 用 金		127.2	8.5
貸 出 金		695.2	46.3	社 債 ・ 短 期 社 債		7.5	0.5
うち	割 引 手 形	1.0	(0.1)	信 託 勘 定 借		12.1	0.8
	手 形 貸 付	16.6	(2.4)	そ の 他 負 債		184.3	12.3
	証 書 貸 付	604.7	(87.0)	負 債 の 部 合 計		1442.6	96.2
	当 座 貸 越	73.0	(10.5)	(純資産の部)			
外 国 為 替		7.2	0.5	純 資 産 の 部 合 計		57.4	3.8
固 定 資 産		8.1	0.5				
貸 倒 引 当 金		-4.5	-0.3				
そ の 他 資 産		133.1	8.9				
資本の部合計		1500.0		負債・純資産の部合計		1500.0	

出所：全国銀行協会「2023年度全国銀行総合財務諸表分析」より著者作成。
注：日本国内の全国銀行（都市銀行・地方銀行・第二地銀・信託銀行，合計110行）
　　における銀行勘定の資産・負債・資本の合計額を示した。
　　カッコ内の数字は，各項目における構成比を示す。

　他方，資産では，貸出金が695兆円でＢ／Ｓ全体の46.3％を占め，銀行の主な資金運用手段であることがわかる。貸出しでは，証書貸付が605兆円と最も多く，貸出全体の8割以上を構成している。有価証券は273兆円でＢ／Ｓの18.2％を占めている。

　以上より，銀行の主要な業務は，預金の受入れと貸出しであることがわかる。

第2章　銀行の機能と業務

2　銀行の収益

　損益計算書（P／L）は，企業や銀行の一定期間における収益の状況を表す「フロー・ベース」の計表である。したがって，P／Lは，その企業の収益構造を把握可能となる。

　銀行のP／Lの特徴として，経常損益には一般事業会社のような営業損益と営業外損益の区分はないが，経常収支の項目が細かく区分表示されている。

　また，銀行が公表する決算説明資料では，「損益状況」とよばれる形式で損益を示すことが一般的である。【図表2－5】に示した全国銀行の損益状況をもとに，銀行の収益項目の特徴を見ていく。

　銀行本来の業務によって得られる利益（収益＞費用）を「業務粗利益」とよ

【図表2－5】　全国銀行の損益状況（2023年度，兆円）

業務粗利益	11.18
資金利益	7.84
役務取引等利益	3.00
特定取引利益	0.21
その他業務利益	0.13
経費（△）	6.94
実質業務純益	4.24
一般貸倒引当金繰入額（△）	0.05
業務純益	4.18
臨時損益	0.09
経常利益	4.28
特別損益	-0.01
税引き前当期純利益	4.27
法人税，住民税および事業税（△）	1.18
当期純利益	3.16

出所：全国銀行協会「全国銀行財務諸表分析（2023年度）」より，著者作成。
注：（△）は，費用および損失として計上される項目を示す。

27

ぶ。業務粗利益は，「資金利益」，「役務取引等利益」，「その他業務利益」，「特定取引利益」の合計である。

　資金利益は，資金運用で得られた金利や配当の収入と，資金調達で生じる金利の費用との差によって得られる利益であり，一般には「利鞘（りざや）」とよばれる。具体的には，貸出しや債券投資による利子収入と株式の配当収入による資金収益から，預金や借入れによる利払いによる資金費用を差し引いたものを指す。金融機関，特に銀行にとっては，一番の利益の源泉となる。

　役務取引等利益は，いわゆる手数料収入を指す。銀行は，金融サービスの提供を通じ，さまざまな手数料収入を得る。例えば，振込みやATMでの現金引出し，国債や投資信託の窓口販売，シンジケート・ローンや企業間のM&Aの支援での手数料があげられる。近年では，両替の手数料をとる銀行も現れている。

　その他業務利益と特定取引利益は，有価証券売買益，すなわち債券や株式等を売買して得る利益である。資金利益は債券利子と株式配当によるものだが，有価証券売買益は取得時と売却時の証券価格の差（つまり値上がり益）を指す。このうち特定取引利益は，証券を短期的に売買するトレーディング業務による利益である。本業の銀行業務を保護するために，別途開設した「特定取引勘定」でトレーディング業務をするため，特定取引利益とよばれる。特定取引勘定は都市銀行と一部の地方銀行が開設している。

　以上が，銀行の本業による利益の内訳となる。2023年度における全国銀行の業務粗利益の合計額は11.2兆円である。そのうち資金利益は7.8兆円と業務粗利益の7割を占めていることから，銀行は利鞘の獲得が収益源であることがわかる。なお，役務取引等利益は3兆円，有価証券売買益は約3,400億円である。これら業務粗利益に経費（人件費・物件費）と貸倒引当金繰入，法人税等を差し引くと，当期純利益が計上される。全国銀行の当期純利益は3.2兆円である。

第5節 銀行業を取り巻く近年の課題

近年,銀行の収益源である資金利益が低迷しつつある。【図表2－6】は,地方銀行の資金収益(貸出金利息と有価証券利息配当金の合計額)の推移である。収益全体が長期的に低下しており,その低下は貸出金利息の低迷によるものだとわかる。貸出しによる収入低迷の要因は,地方経済衰退による貸出減少,2000年代以降の低金利環境,金融自由化による金融機関間の競争激化があげられる。

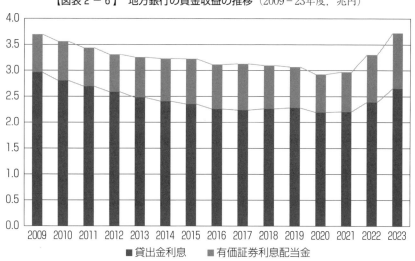

【図表2－6】 地方銀行の資金収益の推移 (2009－23年度,兆円)

出所:全国地方銀行協会「地方銀行の決算」より著者作成。

このような金融環境の中で,地方銀行は規模の経済を獲得して生き残りを図るために,金融持株会社を設立して複数の銀行が子会社化する統合・再編の動きも見られている。中には,県境を越えて複数の都道府県にまたがる「広域地銀」のグループを形成する例も増えている。

なお,2022年度以降,貸出金利息の回復が見られるが,これは,新型コロナ

危機から経済活動が正常化したことで企業の資金需要が高まり，貸出しが増加したことによる（『日本経済新聞』，2024年5月16日，朝刊）。貸出しの増加は恒常的な構造変化なのか，一時的なものなのか，今後も注視が必要であろう。

　さらに近年は，「FinTech」（フィンテック）とよばれるデジタル技術に特化した企業が金融サービスを提供する動きが見られており，銀行をはじめとした金融機関との競争を一層激化させている。例として，銀行を介さずインターネット上で資金提供するクラウドファンディングや，PayPayなどキャッシュレス決済のアプリ上での個人間送金があげられる。銀行もFinTechの台頭に対抗して，スマートフォン上で融資や振込といった銀行のサービスを提供するアプリの開発をはじめとした，銀行のデジタル化，DX化を進める動きも見られる。

【参考文献】
小倉義明［2021］，『地域金融の経済学－人口減少下の地方活性化と銀行業の役割－』，慶応義塾大学出版会。
中島真志・島村高嘉［2023］，『金融読本（第32版）』，東洋経済新報社。
全国銀行協会［2016］，『やさしい銀行の読み方－銀行の財務諸表とディスクロージャー－』，2016年3月25日公表。(https://www.zenginkyo.or.jp/fileadmin/res/abstract/efforts/smooth/accounting/disclosure.pdf，最終閲覧日：2024年10月5日)
日本経済新聞社編［2020］，『金融入門（第3版）』，日経文庫。
前田真一郎・西尾圭一郎・高山晃郎・宇土至心・吉川哲生［2023］，『変わる時代の金融論』，有斐閣ストゥディア。
安田嘉明・北島孝博・林裕［2020］，『銀行・証券・保険の基礎知識』，税務経理協会。

第 3 章

中央銀行の役割と機能

第 1 節　中央銀行の機能
第 2 節　金 融 政 策
第 3 節　プルーデンス政策

第1節　中央銀行の機能

　中央銀行は，各国（または地域）において金融システムの中核となる公的機関であり，日本の中央銀行は「日本銀行」である。本章ではまず，中央銀行の3つの機能について見ていく。それから，中央銀行が行っている金融政策とプルーデンス政策の2つの取組みについて見ていく。以上を通じて，中央銀行の役割について理解する。

1　発券銀行

　中央銀行は，「発券銀行」，「銀行の銀行」，「政府の銀行」の3つの機能を果たしている（【図表3－1】参照）。

　まず，中央銀行の発券銀行としての機能である。これは，中央銀行が唯一その国（地域）の銀行券，すなわち現金を独占的に発行することができる機能を指す。第1章でも見てきたが，これは国家による発券集中と法貨規定によって，中央銀行に与えられた権限である。日本では，日本銀行が唯一の発券銀行であり，日本銀行券を独占的に供給している。そして，銀行券は，法令によってファイナリティ（決済完了性）を持つ最終支払手段として無制限に通用する，現金としての機能を持つ。

【図表3－1】　中央銀行の3つの機能

発 券 銀 行	中央銀行は，唯一その国（地域）の銀行券（現金）を独占的に発行することができる。
銀行の銀行	民間の金融機関は，中央銀行に口座（中銀当座預金）を開設し，預金の受入れ，貸出し，銀行間の資金移動を行う。
政府の銀行	政府は，中央銀行に当座預金を開設する（日本は「国庫金」）。

出所：著者作成。

　なお，日本銀行券は，国立印刷局で印刷される。しかし，印刷するだけでは発行されたことにならない。銀行券は，民間銀行が中銀当座預金を引き出し，

32

第3章 中央銀行の役割と機能

銀行券を受け取ってはじめて発行，つまり世の中に出回ることになる。日本で発行されている銀行券は，一万円券，五千円券，二千円券，千円券の4種類である（2024年9月現在）。

2 銀行の銀行

　中央銀行は，民間銀行に対し，銀行から預金の受入れ，銀行への貸出し，債券の売買取引といった業務をしている。言い換えれば，家計や企業が民間銀行と取引をするのと同様に，民間銀行は中央銀行と取引をしている。中央銀行によるこうした業務は，銀行の銀行としての機能とよばれる。

　第1に，中央銀行は，民間銀行からの預金を受け入れる。民間銀行が中央銀行に開設している預金を「中銀当座預金」とよぶ。民間銀行は，保有する中銀当座預金を，現金の支払い準備，銀行など金融機関との資金の受払い，準備預金制度のもとでの現金準備として利用している。まず，民間銀行は，現金の支払い準備として中銀当座預金を保有しており，顧客の現金需要に合わせて中銀当座預金を引き出し，銀行券に交換している。次に，民間銀行は，他の銀行との資金の融通や決済は，中銀当座預金を用いる。日本では，日本銀行が運営する「日銀ネット」という決済システムを使い，銀行間で日銀当座預金を振り替えている。例えば，銀行間の金融市場であるコール市場での取引や，全銀システムの決済で生じたネット・ポジションを解消する際には，銀行は日銀当座預金を振り替えて決済する。また，日本の民間銀行は，「準備預金制度」によって日本銀行に一定の準備金を積むことが義務付けられている。

　第2に，中央銀行は，必要な場合には銀行等の金融機関に貸出しをしている。日本銀行は，銀行への貸出しを，中銀貸出と手形再割引の形で行う。日銀貸出は，民間銀行が企業や個人に貸すように，日銀が民間銀行に対して日銀当座預金を貸し出す。手形再割引は，銀行が企業から手形割引等で取得した手形を日本銀行が買い取ることで日銀当座預金を提供する。こうして日本銀行が金融機関に貸出しを行う際に適用される金利を，以前は「公定歩合」とよんでいた。日本銀行は，金融政策の手段の1つとして，この金利を操作する。なお，公定

33

歩合は，現在，「基準割引率および基準貸付利率」とよばれている。

第3に，日本銀行は，民間銀行を取引相手に債券の売買をしている。日本銀行は，金融政策の運営指針を「金融政策決定会合」で決め，その方針をもとに，銀行との間で国債などの債券の売買を行う。この債券を売買した代金は，民間銀行が保有する日銀当座預金で決済される。したがって，債券の売買を通じて，中央銀行が民間銀行に供給しているマネタリーベース（現金と日銀当座預金の合計。ハイパワードマネーとも）の量を操作することができる。したがって，日本銀行は，金融政策の手段として債券売買を行い，金融調節（金融市場に対して資金の供給・吸収）をしている。この債券売買による金融政策手段を「公開市場操作」（オペレーション）とよぶ。

3 政府の銀行

政府は，唯一の預金口座である「政府預金」を開設しており，したがって中央銀行は政府の銀行とよばれる。日本銀行は，日本政府の預金である「国庫金」を管理し，国家財政の資金の受払いを取り扱っている。具体的には，税金や社会保障料によって国家が集めた「歳入金」は，中央銀行内の政府預金内へ入金される。一方，年金の支給や公共事業費など，国家予算として支出する「歳出金」は政府預金から引き出され，民間銀行へ振り込まれる。このように，政府の国庫金の受払いは，すべて日銀の政府預金を通じて行われている。

日本銀行は他にも，政府が発行する国債の管理（国債の発行や利払い，国債の決済等）や，財務大臣の指示を受けて為替介入を実施している。しかし，日本銀行は，財政法により政府が発行した国債を直接引き受けて買い取ること（財政ファイナンス）や，政府へ直接信用を供与することは，原則として禁止されている。

第3章　中央銀行の役割と機能

第2節　金 融 政 策

1　金融政策とは何か

　中央銀行が実施する主要な取組みとして，「金融政策」と「プルーデンス政策」があげられる。

　金融政策は，中央銀行が各種の金融調節手段を活用して，経済の動きを調整し，そうして物価の安定を図る政策である。安定的な経済運営を目指すものであり，財政政策と並ぶ国家の経済政策の1つである。

　金融政策は，多くの国で「物価の安定」を最優先の目標としている。日本銀行も「通貨及び金融の調節を行うにあたっては，物価の安定を図ることを通じて国民経済の健全な発展に資することをもって，その理念とする」と日本銀行法（第2条）に明記されている。

　なぜ物価の安定が重要視されるのか。例えば，景気の過熱によって物価が上昇する「インフレーション」では，所得や金融資産，債務の価値の実質的な減少を引き起こす。このように，物価が不安定になると，経済に悪影響を与えるさまざまな問題を引き起こすからである。

　したがって，中央銀行は，物価を安定させるために，金融政策を実施して貨幣の供給量や金利を調整し，一国の経済全体の景気変動をコントロールしている。すなわち，景気が低迷している時には，金利引下げ等の「金融緩和」政策を通じ，企業や個人が資金を借りやすくして設備投資や住宅建設などを促し，景気を刺激する。他方，景気が過熱している時には，金利引上げ等の「金融引締め」政策を通じ，資金を借りにくくして，景気を抑制する。

　なお，金融政策は，景気に刺激的な金融緩和を求める圧力がかかりやすい。そのうえ，もしも財政ファイナンス等で現金を過剰に増発すると，貨幣価値はたちまち暴落し，物価が天文学的に上昇する「ハイパーインフレーション」が起こるおそれもある。したがって，中央銀行は，こうした圧力に屈することなく，高い独立性を持って金融政策を運営していくことが重要となる。これを

35

「中央銀行の独立性」とよぶ。日本銀行も日本銀行法により，役員の身分保障や業務の自主性などの独立性が保証されている。

2　従来の金融政策手段

中央銀行による従来の金融政策手段として，「公定歩合操作」，「準備率操作」，「公開市場操作」の3つがあげられる。

(1)　公定歩合操作

公定歩合操作は，公定歩合つまり日銀の貸出金利を変更することで行う金融政策手段である。すなわち，公定歩合を引き上げたら金融引締めとなり，逆に引き下げると金融緩和となる。

具体的な波及経路について，金融引締めを例に見ていく。景気が過熱している時には，中央銀行は景気を抑えるために公定歩合を引き上げる。これに連動して，預金金利や短期市場の金利が上昇する。この上昇は，銀行にとっては資金調達コストの上昇となるので，銀行は利益維持のために貸出金利を引き上げる。すると，企業や個人は資金を借りにくくなり，設備投資や住宅建設を控え，結果，景気が抑制される。他方，景気が低迷しているときに公定歩合を引き下げる（すなわち金融緩和をする）と景気が刺激される。

金利が規制されていた第二次世界大戦後から1970年代までの間，預金・貸出金利は，公定歩合に連動していたため，公定歩合は金融政策の中心であった。しかし，その後，金利の自由化が進み，預金・貸出金利が市場金利を反映して変動するようになると，1990年代以降，公定歩合の役割は低下した。

(2)　準備率操作

準備率操作は，準備預金制度を活用した金融政策手段であり，現金準備率を変更することで，金融を引締めもしくは緩和する。

準備率操作は，銀行の信用創造機能を介して作用する。例えば，金融引締めの場合には，中央銀行は現金準備率を引き上げる。もしも準備率が10％から

第3章　中央銀行の役割と機能

20％に引き上げられると，信用創造乗数は10倍から5倍となる。このように，銀行が貸出しによって生み出せる預金の総額は減少するため，企業などへの貸出しが抑制される。

また，銀行の現金需要の観点からも，準備率操作の波及効果は説明可能である。現金準備率の引上げによって銀行が必要とする現金準備が増加すると，銀行はコール市場など短期金融市場から資金を調達する。その結果，短期金利が上昇し，金融は引締め的となる。

他方，現金準備率を引き下げると，逆の経路を経て金融緩和となる。

なお，準備率操作は，民間銀行の収益に大きく影響する，銀行の競争条件に歪みをもたらす，機動的な変更や微調整が困難であるなどの問題点から，先進国中央銀行の政策手段としては，近年ではあまり用いられなくなっている。日本においても，1991年以降，現金準備率は変更されていない。

(3) 公開市場操作（オペレーション）

公開市場操作（オペレーション）は，中央銀行が金融機関との間で，債券（国債など）を売買することで金融調節を行い，そうして短期金利を操作するための政策手段であり，今日の主要な金融政策手段となっている。オペレーションを略して，「オペ」とよぶこともある。

なお，「金融調節」とは，オペによって中央銀行が短期市場の資金量を調節することを指す。民間銀行が日本銀行と債券を売買すると，その代金は日銀当座預金で決済されるため，銀行が預けている日銀当座預金が増減する。これにより，短期金融市場の資金需給が変化するため，金利が変化する。以上のように，オペは，一般的に短期金融市場の資金量と金利との間の関係を活用して行われる。

オペは，金融緩和で実施する「買いオペ」と金融引締めで実施する「売りオペ」の2つに大別される。買いオペは，中央銀行は金融機関から国債等の債券を買い上げて，その代金を日銀当座預金に振り込む。短期金融市場のうちコール市場等では，日銀当座預金を用いて取引するため，したがって買いオペは，

37

短期金融市場に資金供給することを意味する。これにより短期金利は低下し，景気を刺激するようはたらきかける。他方，売りオペは，日本銀行が債券を売却して金融機関から日銀当座預金を回収することで，短期金融市場から資金を吸い上げる。売りオペにより短期金利は上昇し，景気の過熱を抑えるようにはたらきかける。

なお，オペ（金融調節）では，操作目標を定めて実施するが，中央銀行がオペの操作目標とする市場金利を「政策金利」とよぶ。通常のオペでは，短期金利を政策金利とするのが一般的であり，多くの場合がオーバーナイト（翌日物）の短期金利である。日本では，コール市場の「無担保コールレート・オーバーナイト物」を政策金利としている。

一方で，短期金利以外を操作目標とする場合もあり，これを「非伝統的金融政策」とよぶ。

3　非伝統的金融政策

非伝統的金融政策は，従来の金融政策である短期金利の調整が有効でなくなった，もしくは限界を迎えたことにより，採用されるようになった金融政策手段である。非伝統的金融政策の類型としては，「量的緩和政策」，「質的緩和政策」，「マイナス金利政策」，「長短金利操作」，「フォワード・ガイダンス」の5つがある（【図表3－2】参照）。

まず，量的緩和政策は，中銀当座預金の残高などを操作目標にし，国債などを買い入れることで，大量の資金を市場に供給する政策である。こうして金融市場全体の流動性を増やすことで，金利を低水準で安定させることや，金融システムの安定を促すよう企図する。

次の質的緩和政策は，信用緩和政策ともよばれ，中央銀行が買い入れる資産を，従来の国債だけでなく，社債や証券化商品等の「リスク資産」にも対象を広げる政策である。リスク資産とは，価格が安定していない値下がりのおそれもある資産であり，これらを中央銀行が買い上げることで，資産価格の上昇や金利の低下を図る政策である。

第3章　中央銀行の役割と機能

【図表3－2】　非伝統的金融政策の主要な手段

量的緩和政策	中銀当座預金の残高などを操作目標にして，国債の買入れにより大量の資金を市場に供給する政策。
質的緩和政策 （信用緩和政策）	中央銀行が国債だけでなくリスク資産（社債・証券化商品等）も買い入れる政策。
マイナス金利政策	中央銀行が政策金利をマイナス水準まで引き下げる政策。
長短金利操作 （イールドカーブ・コントロール）	短期金利に加え，長期金利も操作目標にする政策。
フォワード・ガイダンス （時間軸政策）	一定の条件を満たすまで金融緩和を続けるよう，中央銀行が先行きの方針を約束する政策。

出所：中島・島村［2023］，pp.274－277より著者作成。

　マイナス金利政策は，中央銀行が政策金利をマイナス水準にまで引き下げる政策である。民間銀行が中央銀行に預け入れる預金の一部をマイナス金利にすることで実施される。これにより，民間銀行は中央銀行に資金を預けると，本来貰えるはずの金利を支払わなければならない。そのため，銀行が企業への融資や有価証券の購入に資金を振り向けるようになることを意図して導入された。

　長短金利操作は，イールドカーブ・コントロールともよばれ，従来の操作目標である短期金利に加え，長期金利も操作目標とする政策である。長期金利の水準の変更を目的に中央銀行が長期国債を売買することで，金融緩和の効果を長期金利に直接作用させ，金融緩和の効果を一層はたらきかけることを企図している。たいていは，10年満期の国債利回りを対象に操作する。

　そしてフォワード・ガイダンスは，一定の条件を満たすまで金融緩和の継続を約束する政策である。時間軸政策ともよばれ，上記の政策と併用するこが多い。長期金利は将来にわたる短期金利の予想によって決まるため，フォワード・ガイダンスは金融緩和の継続を宣言することで中長期金利の低下を促し，さらなる緩和効果を生み出すことが目的である。

　日本は，バブル崩壊以降，景気低迷や物価の下落（デフレーション）が続き，その対策として1999年にゼロ金利政策を実施した。その後，一層の金融緩和の

39

必要に迫られた日本銀行は，初の非伝統的金融政策の手段として量的緩和政策を2001年3月に導入した。その後，2008年に世界金融危機が発生し，全世界で深刻な景気低迷が起こると，欧米や日本など主要国中央銀行は，多様な非伝統的金融政策の手段を採用，導入して対応にあたった。

　非伝統的金融政策は，従来にない異例の政策手段である。日本は，2013年の「質的・量的金融緩和」以降，異次元の金融緩和策が長引いていたため，銀行等金融機関の収益の圧迫や国債市場の機能低下などの副作用が懸念されている。そのうえ，量的緩和により日本銀行の財務健全性の悪化を懸念する声もある。

【図表3－3】は，日本銀行のマネタリーベースの推移である。質的・量的金融緩和を導入した2013年4月時点で155兆円だったマネタリーベースは，2024年9月時点で669兆円と4倍以上に増加しており，その大半は日銀当座預金である。

【図表3－3】　日本銀行のマネタリーベースの推移（1989年1月－2024年9月，兆円）

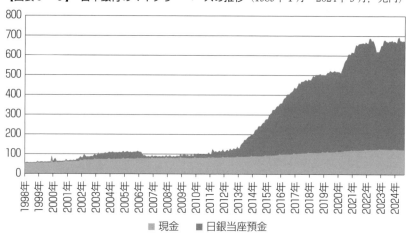

出所：日本銀行統計より著者作成。

　2022年以降，日本銀行は，徐々に異次元の金融緩和を修正する動きを見せている。今後，金融政策を正常化していく「出口政策」の過程では，段階的な利上げに実施に加え，中央銀行のバランスシートを縮小していく必要がある。

第3章　中央銀行の役割と機能

第3節　プルーデンス政策

1　プルーデンス政策とは何か

　「プルーデンス政策」とは，個別の金融機関の経営が悪化しないようにするとともに，万が一，一部の金融機関が破綻しても，それが金融システム全体の動揺につながらないようにするための政策を指す。プルーデンス（prudence）とは「慎重さ」を意味する英語で，意訳して「健全性」ともよばれる。

　銀行は，受け入れたお金を貸し付けることで，企業や個人が経済活動をしていくために必要な資金を供給している。こうした資金融通は，証券会社や保険会社などの金融機関や個人が株式や債券といった証券を購入（投資）することでもなされる。このように，資金を円滑に流す仕組みや制度を「金融システム」とよぶ。銀行預金は家計の主要な金融資産の1つであり，企業も当座預金を用いて企業間決済をしているなど，銀行はその金融システムで最も重要な金融機関の1つであるため，銀行に経営上の問題が生じると，金融システムひいては経済全体に大きな影響を及ぼすおそれがある。

　金融システムに悪影響を及ぼす例として，預金の「取り付け」があげられる。取り付けは，金融不安などを契機に特定の銀行への信頼がなくなり，預金者が預金を引き出そうと銀行に殺到することを指す。取り付けによって銀行の現金が不足し，銀行が預金の引出しに応じられなくなると，事実上の破綻状態となる。さらに，ひとたび銀行への取り付けが起こると，その影響は他行にも波及し，連鎖的に取り付けが起こり，金融システム全体が機能しなくなる「システミック・リスク」を引き起こすおそれもある。

　したがって，金融が円滑に機能するためには，金融機関の破綻が起こらないようにしたり，例え金融不安が生じた場合も金融システム全体に波及したりしないよう，配慮する必要がある。そこで重要な役割を果たすのが，プルーデンス政策である。中央銀行は，金融システムの安定という目的を果たすべく，政府とともにプルーデンス政策を実施している。

41

プルーデンス政策は,「ミクロ・プルーデンス」と「マクロ・プルーデンス」に分けられる。ミクロ・プルーデンスは,個別の金融機関に働きかけるための政策である。個別金融機関の破綻を未然に防ぐことが目的であり,具体的な取組みとして,個別の金融機関に対する検査・モニタリングがあげられる。

他方,マクロ・プルーデンスは,金融システム全体の安定性を確保することを目標に,金融機関全体に働きかける政策である。したがって,金融システム全体のリスク状況の分析・評価に基づいて規制・監督をするほか,業務規制や自己資本比率規制（後述）が主な取組みとしてあげられる。

2　事前的対応としてのプルーデンス政策

プルーデンス政策は,危機が起こらないようにするために平時から取り組む「事前的対応」なのか,もしくは危機が発生した後にいち早く抑え込むために取り組む「事後的対応」なのかによっても分けられる（【図表3－4】）。

【図表3－4】　プルーデンス政策：事前的対応と事後的対応

	事前的対応	事後的対応
対応の時期	平常時 （危機の発生前）	破綻の危機の発生後
目的	金融機関の破綻・金融不安低下を未然に防ぐ	金融システム全体の動揺（不安定化）を防ぐ
具体的な手段	検査・モニタリング バランスシート規制 自己資本比率規制 早期是正措置 公的資金の投入	最後の貸し手 預金保険制度 公的救済措置

出所：中島・島村［2023］,p.316を著者一部修正。

事前的対応は,金融機関の経営が健全性を確保できるように前もって規制を行うことで,金融機関の破綻を未然に防ぐための取組みを指す。主要な事前的対応として,個別金融機関の検査・モニタリングや,バランスシート規制があげられる。

検査・モニタリングは、金融監督当局（日本では日本銀行や金融庁）が個別の金融機関の経営状況について、財務諸表の分析や立ち入り調査によってチェックすることを指し、ミクロ・プルーデンスの最も基本的な取組みである。また、金融当局は不況や国債価格の下落、金利の上昇などの経済的ショックが起きた場合を想定して、銀行の経営体力を試算して健全性を評価する「ストレステスト」を実施している。

バランスシート規制は、金融機関に対して保有する資産や負債の構成についてさまざまな比率を設定し、それを順守するよう求める規制である。主要なバランスシート規制として、「自己資本比率規制」がある。これは、銀行が損失を出した場合に備え、その損失を吸収するためのバッファーとして、十分な自己資本を積んでおくよう求める規制である。国際決済銀行（BIS）による国際合意によって定められたため、「BIS規制」（バーゼル規制）ともよばれている。BIS規制は1988年に初めて公表されたが、その後２度アップデートされ、現在は「バーゼルⅢ」とよばれている。

自己資本比率規制と銀行のバランスシートの関係については、【図表３－５】で示している。銀行は、預金を通じて調達した資金を貸出しや有価証券投資によって運用するが、もしも銀行の貸出しが不良債権化したり、証券価格が暴落したりすれば、銀行の資産は縮小して債務超過に陥る。このとき、銀行が

【図表３－５】 自己資本比率規制と銀行のバランスシート

出所：著者作成。
注：資産項目にある矢印は、それぞれの資産の縮小要因を示す。

十分な自己資本を持っていれば，それを取り崩して債務超過を解消することが可能となる。したがって，銀行は，経済的ショックや金融危機に備えて，十分な額の自己資本を事前に積んでおく必要がある。

BIS規制では，自己資本比率を８％以上となるように求めており，その計算式は【図表３－６】のとおりである。リスク資産とは，銀行が保有する資産を，リスクに応じてウェイトをかけて算出した合計額である。したがって，リスクが比較的高い資産を保有すると，その分十分な自己資本を用意する必要がある。他方，自己資本は普通株式や内部留保（普通株式等Tier１）といった純資産や，劣後債や転換社債など損失を吸収できる債務を指す。2013年以降に導入されたバーゼルⅢでは，世界金融危機の反省から，普通株式等Tier１による自己資本の割合を高めたり，危機に先立ち自己資本の積み増しを求める資本バッファーを導入したりしている。

【図表３－６】 BIS規制による自己資本比率規制

バーゼルⅢでは，自己資本のうち６％以上はTier１資本，4.5%以上は普通株式等Tier１資本での保有を求める。

$$自己資本比率＝\frac{自己資本}{リスク資産} ≧ ８％$$

銀行が保有する資産を，リスクに応じてウェイトをかけて算出した合計額。
例）国債：100%，中小企業向け貸出：75%など

出所：みずほ総合研究所［2019］，『国際金融規制と銀行経営』，中央経済社より筆者作成。

注：国際的に事業展開をする銀行が対象。バーゼルⅢでは，世界金融危機の反省から，自己資本比率の最低要件である８％に加え，危機に先立ち自己資本の積み増しを求める資本バッファーを導入している。

バランスシート規制は，その他にも，銀行の同一企業への融資の比率を制限する大口融資規制や，銀行による株式保有に一定の上限を定める株式保有制限

などがある。いずれの規制も銀行のリスク分散や銀行による企業支配を防ぎ，銀行の健全性を維持するために設けられている。

また，その他の事前的対応として，金融機関の自己資本比率が一定基準を下回った場合に早めに経営改善を求める「早期是正措置」や，経営が悪化した金融機関を支援するために国が資金を投入する「公的資金の投入」がある。

3 事後的対応としてのプルーデンス政策

事後的対応は，個別金融機関が破綻の危機に陥っても，それが金融システム全体の不安定化に結び付かないようにするための取組みを指し，主には「最後の貸し手」，「預金保険制度」があげられる。

まず，最後の貸し手は，個別の金融機関が資金不足に陥り，それを放置すると金融システム全体の混乱につながりかねない場合には，中央銀行がその金融機関に対して緊急の貸出しをすることを指す。最後の貸し手は，あくまで金融システム全体の安定を目的として実施される。日本銀行による最後の貸し手は，「日銀特融」とよぶ。

預金保険制度は，特定の金融機関が破綻した場合には，事前に金融機関から積み立てた保険料によって一定額を限度に預金を保護する制度である。「ペイオフ」ともよばれ，日本では預金保険機構が運営しており，普通預金・定期預金などを対象に預金者1人当たり1,000万円までの預金とその利息が保護される。預金保険制度により預金額の一部は保証されるため，金融機関への預金の取付けの連鎖を防ぐことが可能となる。

以上のように，事後的対応は個別金融機関の経営不安が金融システム全体への波及を防ぐために実施されるが，こうした事後的対応の拡充は「モラルハザード」を引き起こすおそれがあると指摘されている。モラルハザードは，金融機関が救済されることが約束されることで，金融機関や預金者が慎重な行動をとるどころか，かえってリスクをとるようになる現象を指す。そのうえ，銀行の救済や破綻処理は国家財政の資金（すなわち国民の税金）を利用して銀行を救済することにもつながりかねない。

同様に，プルーデンス政策で指摘される注意点として「Too Big to Fail（大きすぎてつぶせない）問題」もあげられる。これは，大規模な金融機関の破綻は金融システムや預金者に重大な影響を及ぼすため，なるべく救済しようとする金融当局の考え方を指す。したがって，経営規模の大きな銀行は，リスクの高い経営に走るモラルハザードを引き起こすおそれがある。そのうえ，世界金融危機は，米国大手投資銀行のリーマン・ブラザースの経営破綻を契機に金融危機が世界に波及したように，大銀行が救済されなかった場合には，金融システムが大きく壊れるリスクもある。

以上のようなモラルハザードを防ぐためにも，銀行の株主や債権者も損失を一部負担する形で銀行の破綻処理や救済を行う「ベイル・イン」という考え方が近年登場している。

【参考文献】
中島真志・島村髙嘉［2023］，『金融読本（第32版）』，東洋経済新報社。
日本銀行金融研究所編［2011］，『日本銀行の機能と業務』，有斐閣。
日本経済新聞社編［2020］，『金融入門（第3版）』，日経文庫。
前田真一郎・西尾圭一郎・高山晃郎・宇土至心・吉川哲生［2023］，『変わる時代の金融論』，有斐閣ストゥディア。

第4章

証券の基礎

第1章　証券とは何か
第2章　株　　　式
第3章　債　　　券
第4章　証券の価値

第1節　証券とは何か

　証券とは，何らかの財産に関する権利・義務を証明する券（紙片）のことである。その範囲を一律に定めることは難しいが，大きくは「有価証券」と「証拠証券」に分けられ，さらに有価証券は「資本証券」，「貨幣証券」，「物品証券」の3つに大別される。資本証券には本章で中心的に取り上げる株式（株券）や債券，貨幣証券には手形や小切手，物品証券には貨物引換証や商品券などが含まれる。また，証拠証券は，借用証書や保険証券などのことである（【図表4－1】参照）。

【図表4－1】　証券の分類

　証券の具体的な範囲や性質は，法律によって定められている。その代表格が金融商品取引法（旧証券取引法）であり，その第2条に，国債証券，地方債証券，社債券，株券，投資信託などを有価証券と定義している。また，会社法では，株式（株券）や社債（会社が発行する債券）の基本的な性質について定めている。

　本章で解説する証券は，金融商品取引法で取り扱われる有価証券を対象とし，特に代表的な証券である株式と債券を中心に取り上げる。ただし，これらの概要や特徴について説明する前に，まず証券が金融の中でどのように位置づけられているのかについて見ていく。

1　金融取引と証券

　金融とは，その名のとおり資金を融通することである。同様に考えると，金

融取引は資金を融通する取引となる。例えば，アルバイトで得たお金（給料）を銀行に預けること，逆にローンを組んで銀行からお金を借りるといったことは，どちらも金融取引である。また，取引という言葉には，何らかの契約あるいは合意に基づいて，お金（あるいはお金と同等のもの）とモノやサービスを交換するという意味がある。では，金融取引は何と何を交換する取引であろうか。それは，現在のお金と将来においてお金を支払うという約束の交換である（【図表4－2】参照）。

【図表4－2】　金融取引の仕組み

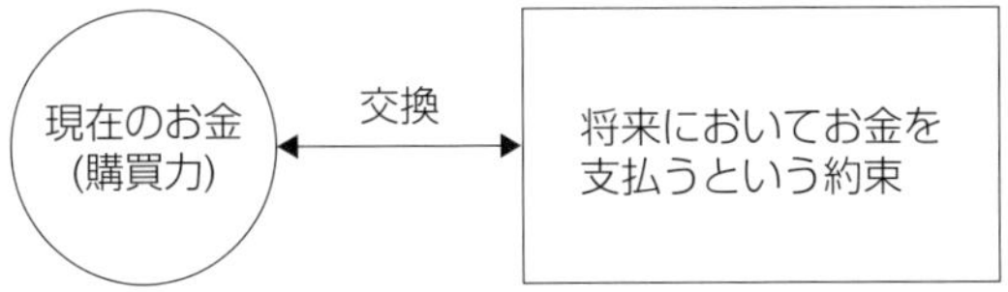

例えば，高校や大学などの在学中に借りることができる貸与奨学金であれば，現在のお金は，在学中に振り込まれる毎月のお金である。一方，将来においてお金を支払うという約束は，学校を卒業した後に一定期間にわたってお金を返済していくという約束にほかならない。すなわち，貸与奨学金は，在学中に得られるお金と卒業後にお金を返済するという約束を交換する取引であるとみなすことができる。

では，金融取引を行うことによって，何が得られるのだろうか。まず，資金を融通される側（資金の調達者）は現在のお金を得るわけであるが，これは通常何らかのモノやサービスを得るために使われる。例えば，学生であれば，学費や学業を継続するための費用への支払いなどがあげられる。また，企業であれば，工場新設や店舗拡大といった設備投資，新しい商品やサービスを生み出すための研究開発投資などが考えられる。すなわち，現在のお金は，モノやサービスを手に入れるための力（購買力）とみなすことができ，資金の調達者はこの購買力を得るために金融取引を行っていると考えられる。

一方，資金を融通する側（資金の提供者）は，将来においてお金を支払うと

49

いう約束を得るわけであるが，この資金調達者からの約束には，当然何らかの見返りが期待される。その最も基本的なものといえるのが金利（利息）である。つまり，提供した現在のお金に一定の割合を乗じた金額を上乗せして支払うことを求める。

「金融取引」は，上述したとおり，現在のお金と将来においてお金を支払うという約束を交換することである。この約束の内容，すなわち誰と取引するのか，見返りは何か，どのような契約を結ぶのかなどは，さまざまなものが考えられる。株式あるいは債券といった代表的な証券は，この約束の仕方を分類したものの1つとみなすことができる。特に，これらの証券は一定の単位に分割された券として発行されるため，他者への売買や譲渡といった交換に適している。したがって，株式や債券といった証券は，金融取引の代表的な手段の1つとして位置づけられる。

2 金融取引の機能と証券

金融取引には，「資金の移転」と「リスクの移転」という2つの基本的な機能がある。

資金の移転は，資金が余っている主体から資金が不足している主体に資金，すなわちお金が流れることを意味する。資金が余っているとは，収入と支出を比較したときに，収入のほうが上回っていることを表し，このような主体を「黒字主体」とよぶ。逆に，資金が不足しているとは，収入よりも支出のほうが上回っていることを表し，このような主体を「赤字主体」とよぶ。なお，日本全体の資金の流れで見た場合，黒字主体は私たち個人の家計である。一方，赤字主体は，企業や政府である。

また，資金の移転は，社会全体の視点から見ると，投資活動を活発化させる効果がある。例えば，多くの企業は資金が不足している赤字主体であり，金融取引で得た資金から設備投資や研究開発投資を行っている。このような投資は，私たちの暮らしをより便利で豊かなものにするのに役立っている。一方，個々の主体の視点から見ると，収入を得るあるいは支出を行うといったタイミング

第4章　証券の基礎

を自由に決められるという効果がある。例えば，貸与奨学金は学生の間に収入を得て（借り入れて），卒業後に支出（返済）を行うという選択を可能にする。同様に，住宅ローンはまず収入を得る（借り入れる）ことでマイホームを購入し，その後一定期間にわたって支出（返済）を行うという選択を可能にする。このような選択ができなければ，私たちの経済活動は一定の制約を受けるだろう。

　次に，リスクの移転は，金融取引の相手側に自身のリスクの一部あるいは全部を負担してもらうことを意味する。例えば，ある企業が金融取引によって調達した資金で新規の事業を始めたとする。当然，この事業が成功するか，あるいは失敗するかは，事前にはわからない。すなわち，投資の成果は不確実であり，リスクがある。このとき，資金調達者は，このリスクを移転させるような金融取引を行うことで，資金提供者にリスクを引き受けてもらい，失敗したときの損失を負担するように求めることができる。その代わり，リスクを引き受けた資金提供者は，事業が成功したときには，リスクに見合った見返りを期待することができる。

　また，リスクの移転は，リスクを負担あるいは回避するといった選択を可能にする効果がある。例えば，積極的にリスクを負担するような金融取引を行うことで，そのリスクに見合った見返りが期待できる。一方，自身が負うリスクを取引相手に負担してもらうような金融取引を行うことで，そのリスクが発生したときの損失を回避することもできる。

　この損失を回避する取引で，身近なものは保険であろう。例えば，自動車保険への加入は，交通事故などによって発生する多額の賠償金の支払いリスクを保険加入者から保険会社に移転させているとみなせる。その代わり，保険加入者は，リスクを引き受けた保険会社に保険料を支払う必要がある。

　株式や債券といった証券は，どちらも資金の移転の機能を持っているが，リスクの移転の機能については，株式と債券では異なっている。債券は通常，資金調達者がリスクを負担し，かつ返済義務を負う。一方，株式は資金提供者がリスクを負担するが，資金調達者は株式による調達資金の返済義務を負わない。

51

つまり，株式投資を行う場合には，資金提供者である投資家は，資金調達者である株式会社のリスク（特に事業活動に伴うリスク）を負担することになる。一般的に，株式投資が債券投資よりもリスクが高いといわれるのは，このような大きな違いがあるためである（【図表4－3】参照）。

【図表4－3】 金融取引の機能

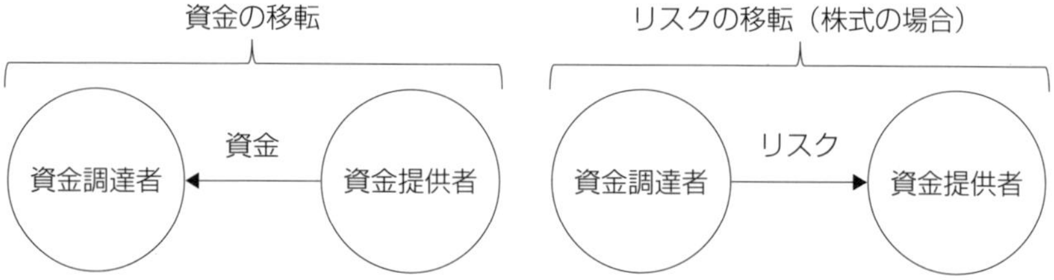

資金の移転　　　　　　　リスクの移転（株式の場合）

資金調達者 ← 資金 ← 資金提供者　　　資金調達者 → リスク → 資金提供者

3　間接金融と直接金融

資金は，金融取引を通して，資金が余っている黒字主体から資金が不足している赤字主体に流れていく。この流れ方には，「間接金融」と「直接金融」とよばれる2つのルートがある（【図表4－4】参照）。

間接金融は，銀行を中心とする金融機関の預金と貸出しを通じて，黒字主体

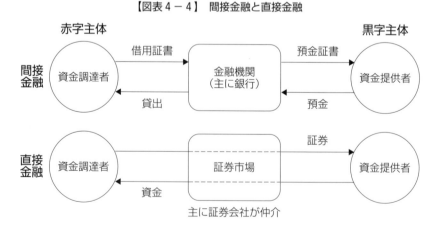

【図表4－4】 間接金融と直接金融

から赤字主体に間接的に資金が流れるルートである。通常，銀行は，黒字主体である家計から預かった預金を元手に，赤字主体である企業に貸出しを行う。つまり，銀行の役割は，資金の調達と提供の両方を行うことで，黒字主体と赤字主体の資金の流れを間接的に結びつけることである。

　一方，直接金融は，株式や債券といった証券を通じて，黒字主体から赤字主体に直接資金が流れるルートである。例えば，赤字主体である企業は，証券市場で社債を発行し，直接投資家から資金を集めることができる。このとき，企業は自ら投資家を探すのではなく，社債の募集や販売などを証券会社に依頼し，引き受けてもらうことができる。つまり，証券会社の役割は，証券市場における証券と資金の流れを仲介することであり，黒字主体と赤字主体の資金の流れを直接結びつけることである。

第2節　株　　　式

　「株式（株券）」とは，「株式会社」に出資した（資金を出した）証拠として発行される有価証券の1つである。株式会社は，会社の代表的な形態の1つであり，将来にお金を支払うという約束を株式という形で発行することで，資金（資本）を調達する会社である。約束の内容として，会社が事業活動によって得た最終的な利益の一部を配当金として，資金提供者に分配することがあげられる。

　次に，株式の特徴について説明するが，その前に基本的な用語の意味について説明しておく。まず，株式を所有しているものを「株主」，株式1株当たりの価格を「株価」とよぶ。また，株式会社がすでに発行している株式の数のことを「発行済み株式数」，株価と発行済み株式数を掛けたものを「時価総額」とよぶ。時価総額は，企業の価値を表すと考えられている。さらに，株式を追加で発行し，資金を調達することを「増資」とよび，事業の拡大や経営の健全化のために実施されることが多い。

1 株式の特徴

　株式の特徴として，第1に，あらかじめ定められた金利（利息）のような支払いや元本の返済などがないことである。すなわち，株式会社は，株式によって調達した資金の返済義務を負わない。

　第2に，投資の見返りは，主に「配当金」や株式の売却益から得られることである。日本企業の配当金は，年に1回か2回程度支払われることが多いが，企業の業績や経営方針によって変わり，無配（配当しない）もあり得る。例えば，業績が赤字で配当金を出すことが難しい場合や設備投資や研究開発投資など企業の成長を優先する場合などがある。また，株式の売却益は，株価が上昇したときに売却することで得られる利益のことである。ただし，株価の動きによっては損失を被ることもあり，これを「価格変動リスク」とよぶ。株価はさまざまな要因によって変動するが，特に企業の将来の業績や成長性が重要である。以上の2つの見返りから計算した収益率は，次のように求められる。

投資収益率(%)＝(売却価格－購入価格＋配当金)÷投資元本×100

　（例）　トヨタ自動車（7203）の株式を1株3,000円で100株購入し，その後
　　　　　1株100円の配当金を受け取り，3,200円で売却した。

　　　　　収益率(%)＝(32万円－30万円＋1万円)÷30万円×100＝10%

　第3に，株式への投資には，上述した「価格変動リスク」や「信用リスク」などのリスクがある。信用リスクは，株式会社が事業に失敗するなどして倒産したときに大きな損失を被るリスクである。ただし，株式会社が倒産し，多額の負債が残ったとしても，株主は出資した以上の金額の責任を負わされることはない。これは「有限責任」とよばれ，通常の株式投資における最大の損失が投資金額であることを意味する。

　また，その他の特徴として，株式会社によっては，株主に自社の商品やサービスといった特典を贈呈しているところもある。これは「株主優待」とよばれる制度であり，例えば飲食店を経営している株式会社の株主になれば食事券な

第4章　証券の基礎

どがもらえる場合がある。

2　株主の権利

　株主には，「議決権」，「利益配当請求権」，「残余財産分配請求権」という3
つの代表的な権利がある。

　議決権は，経営に参加する権利である。株式会社の最高意思決定機関である
「株主総会」に参加し，経営者の選任や株主への配当などに関する重要な議案
に投票することができる。一般的な選挙と異なり，100株などの一定の株数
（1単元）ごとに1個の議決権が与えられるため，株式を多く所有する者ほど
多く投票することができる。なお，株主総会に参加できなかったとしても，ス
マートフォンから投票用のQRコードを読み込んで投票するといった電子投票
を導入している企業も多い。

　利益配当請求権は，配当を受け取る権利である。株主は，株式会社が事業活
動で得た利益を分配する場合，配当金を受け取ることができる。ただし，上述
したとおり，企業は業績の悪化あるいは成長に向けた投資を優先することなど
を理由に配当をしないことも多々ある。

　残余財産分配請求権は，企業が解散したときに，残余財産を受け取る権利で
ある。企業は，倒産や廃業などによって解散したとき，保有する資産を売却し，
負債を返済することになる。株主は，負債をすべて返済した後に残った財産，
すなわち残余財産があれば受け取ることができる。残余財産がない場合は何も
受け取ることはできないが，上述したとおり，負債が残ったとしても株主は追
加で負担する必要はない（有限責任）。

　これらの他にも，株主には多くの権利が与えられているが，「共益権」と
「自益権」の2つに大別される。共益権は，株主総会の議決権のように株主全
体の利益に影響する権利を表す。議決権の他に，株主総会における議案を株主
が提案する株主提案権も含まれる。これは一定の条件を満たした株主が行使す
ることができ，近年は「アクティビスト」とよばれる物言う株主からの株主提
案（例えば，配当金の増額）が注目を集めている。一方，自益権は，利益配当

55

請求権や残余財産分配請求権のように株主個人のための利益に影響する権利を表す(【図表4-5】参照)。

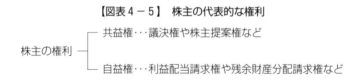

【図表4-5】 株主の代表的な権利

3 株式の種類

株式の種類は,「普通株」と「種類株」の2つに大別される。普通株は,株主の権利に何ら制限を受けない標準的な株式であり,大半の株式があてはまる。一方,種類株は,普通株式とは権利の内容が異なる株式であり,「優先株」や「劣後株」などの種類がある(【図表4-6】参照)。

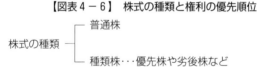

【図表4-6】 株式の種類と権利の優先順位

優先株は,普通株よりも配当や残余財産の分配を優先的に受けられる株式である。その代わりとして,株主の権利である議決権が制限されることが多い。一方,劣後株は,普通株よりも配当や残余財産の分配が劣後する株式である。一般の投資家が劣後株に投資するメリットはほとんどないため,劣後株が発行されるのは稀である。過去の事例として,企業再建のための資金調達や議決権の維持などのために発行されたことがある。株主の代表的な権利である利益配当請求権と残余財産分配請求権の優先順位をまとめると,一般的に,優先株,普通株,劣後株の順になっており,劣後株は最も優先順位が低くなっている。

第4章　証券の基礎

また，それ以外の種類株として，近年注目を集めているのが「社債型種類株式」である。社債は，会社が発行する債券のことであり，後述する債券のような特徴を持った株式の発行事例が出てきている。

第3節　債　　券

「債券」とは，企業や政府などが資金を調達するために発行する有価証券の1つである。株式と同様に，将来にお金を支払うという約束を債券という形で発行し，資金提供者（投資家）に販売している。約束の内容には，資金提供者に金利（利息）を支払うことや元本を返済することなどが含まれる。債券と株式はどちらも同じ有価証券であるが，株式から調達した資金は株式会社にとって返済不要な資本になるのに対して，債券から調達した資金は債券の発行体にとって返済義務がある負債（債務）になるという点で異なる。

次に，債券の特徴について説明するが，その前に基本的な用語の意味について説明しておく。まず，元本を返済するまでの期間のことを「満期（償還期間あるいは償還期限）」，返済期日のことを「満期日（償還日）」とよぶ。また，債券の券面に記載されている金額を「額面価額（額面金額）」，金利のことを「表面利率（利率あるいはクーポンレート）」とよぶ。さらに，債券を発行するときの販売価格を「発行価格」，債券を投資家間で売買するときの価格を「債券価格」とよぶ。なお，日本ではいずれの価格も額面100円当たりで表記することが通例となっている。

1　債券の特徴

債券の特徴として，第1に，債券には通常満期があり，元本（額面金額）が満期までに返済されることである。すなわち，債券の発行体は株式とは異なり，債券によって調達した資金の返済義務を負う。

第2に，債券の購入者は投資の見返りとして，利息が得られることである。利息の支払いは，日本の場合，年2回が一般的である。また，債券の発行価格

（購入価格）が額面価額を下回る場合は，その差も実質的な利息となる。例えば，額面当たり100円の債券を95円で購入した場合，差額の5円（約5％の収益率）は実質的な利息とみなせる。

　第3に，債券には「債務不履行リスク（デフォルトリスクあるいは信用リスク）」や「金利変動リスク」などのリスクがある。債務不履行リスクは，債券の発行体が当初の約束どおりに利息の支払いや元本の返済ができないリスクである。また，金利変動リスクは，市場金利の動きによって債券価格が変動するリスクであり，金利が上昇すると債券価格は下落する一方，金利が下落すると債券価格は上昇するという逆の関係（シーソーのような関係）がある。そのため，債券を満期前に売却するときに，市場金利の動向次第で損失を被ることがある。市場金利の変動要因として，特に景気の動向やインフレの見通しが重要である。ただし，債券は債務不履行が起きない限り，満期まで保有すれば，市場金利の動向あるいは債券価格に関わらず，元本にあたる額面金額が返済される。

2　債券の分類

　債券は，資金調達者と資金提供者（投資家）の間の約束の仕方によってさまざまな形で発行されるため，いくつもの視点から分類できる。ここでは債券を発行機関，クーポン・レートの決まり方，満期までの期間による分類について説明する。

　まず，債券の発行機関で分類すると，債券は「公共債」，「民間債」，「外債」の3つに大別される（【図表4－7】参照）。

　公共債は，国（政府）が発行する「国債」，地方公共団体（都道府県や市町村）が発行する「地方債」，政府関係機関が特別な法律に基づいて発行する「特別債」に分けられる。特別債は，さらに財投機関債と利息の支払いや元本の返済を政府が保証している政府保証債に分けられる。

　民間債は，一般の企業が発行する「社債」と特定の金融機関が法律に基づいて発行できる「金融債」に分けられる。社債は，さらに電力会社が発行する電

第4章　証券の基礎

【図表4－7】　債券の発行機関による分類

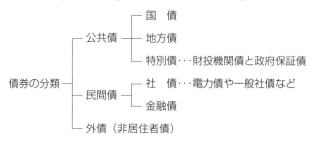

力債や一般の事業会社の一般社債などに分けられる。また，社債の中には，発行会社に対して，その会社の株式の発行を請求できる権利が付与された「転換社債（転換社債型新株予約権付社債）」などもある。

外債は，外国の機関によって発行される債券の総称であり，非居住者債ともよばれる。特に外国の企業や政府などが日本国内で発行する円建ての債券を「サムライ債」とよぶ。

債券の発行機関は，債券の信用力（元本の返済や利息の支払いの確実性）に影響を与える。つまり，債券投資におけるリスクの評価において，どの機関が債券を発行しているのかは重要である。

次に，クーポン・レートの決まり方で分類すると，「固定利付債」，「変動利付債」，「割引債」の3つに大別される。まず，利息の金額は利息の支払いを年1回とすると，次のように求められる。

利息の金額＝債券の額面金額×クーポン・レート(表面利率)

（例）　満期1年，額面金額50万円，クーポン・レート年2％の利息
　　　　＝50万円×2％＝1万円

固定利付債は，上記の例のようにクーポン・レートが特定の水準に固定され，満期まで一定の利息が支払われる債券である。多くの債券がこの形で発行されている。

変動利付債は，債券の発行時に基準となる金利が定められ，その動きによっ

てクーポン・レートの水準が変動する債券である。つまり，基準となる金利次第で支払われる利息が変動する。基準となる金利として，国債の金利や銀行同士の取引金利などがあげられる。

割引債は，クーポン・レートがゼロであり，クーポンによる利息が支払われない債券である。ただし，割引債は通常額面価額よりも低い価格で発行されるため，満期時において額面価額と発行価格の差は実質的な利息となる。

さらに，満期までの期間で分類すると，「短期債」，「中期債」，「長期債」，「超長期債」，「永久債」の５つに大別される。短期債は満期までの期間が１年以内の債券，中期債は１年超５年以内の債券，長期債は５年超10年以下の債券，超長期債は10年を超える債券である。例えば，日本政府はさまざまな満期を持つ国債を発行しており，その中でも個人向けの国債としては満期３年と５年の固定利付国債，また満期10年の変動利付国債を発行している。永久債は満期の定めがない債券であり，債券の発行体が任意のタイミングで償還できる仕組みを設けることが多い。

第４節　証券の価値

証券の価格には，「市場価格」以外に「理論価格」とよばれるものもある。市場価格は，株式であれば株価，債券であれば債券価格といったように，投資家間の売買によってつけられた実際の価格のことである。一方，理論価格は，その証券が本来持っている価値を評価した価格のことであり，証券の「本質的価値」とよばれる。

この本質的価値を評価するためには，まず証券から得られる将来のキャッシュ・フローを明らかにし，次にそれらを現在の価値に換算する必要がある。キャッシュ・フローは，ここでは現金収入を意味する。例えば，固定利付債であれば利息と元本（額面金額），また株式であれば配当金と株式を売却したときの代金が将来のキャッシュ・フローにあたる。

また，現在の価値に換算するとは，将来のキャッシュ・フローを金利（割引

率）で割り引き，現時点でどれだけの価値があるのかを評価することである。つまり，お金の価値は受け取る（あるいは支払う）タイミングによって異なるため，お金の時間価値を考慮するということである。これは，今日1万円もらえるという選択と1年後に1万円もらえるという選択が与えられたときに，ほとんどの人は今日を選ぶと考えるとわかりやすい。つまり，1年後の1万円は1年という時間を割り引いて考える必要があるため，今日の1万円よりも価値が低いのである。

　証券の本質的価値を評価し，理論価格を求めることができれば，投資家はそれと市場価格を比較することによって，その証券が「割安」か，あるいは「割高」かを判断することができる。以下では，証券の本質的価値を評価するための最も基礎的な概念について説明する。

1　金利と利息

　「金利」とは，お金を貸し借りするときの手数料のようなものである。手数料といっても金額ベースではなく，年率5％などといったような形で示される。私たち個人にとっての身近な金利として，銀行の預金金利や住宅ローンの金利などがあげられる。

　また，金額ベースの手数料は「利息」とよばれ，通常お金を貸し借りするときの元本に金利を掛けることで求められる。利息は，貸し手（資金提供者）にとっては収益であるが，借り手（資金調達者）にとっては費用になる。日本の場合，利息の支払は年2回が一般的であるが，以下では説明を単純化するために年1回としている。

　利息の求め方には，「単利」と「複利」の2つの計算方法がある。単利は，元本にのみ利息がつく計算方法である。例えば，元本100万円を金利（年率）5％で3年間運用した場合の利息は，次のようになる。

> **（例）** 元本100万円，金利 5 ％， 3 年間運用した場合の利息（単利）
> 　　　　 1 年目の利息＝100万円× 5 ％＝ 5 万円
> 　　　　 2 年目の利息＝100万円× 5 ％＝ 5 万円
> 　　　　 3 年目の利息＝100万円× 5 ％＝ 5 万円

　一方，複利は利息を当初の元本に加えて，再度運用していく計算方法である。例えば，前述の例を複利で計算すると，次のようになる。

> **（例）** 元本100万円，金利 5 ％， 3 年間運用した場合の利息（複利）
> 　　　　 1 年目の利息＝100万円× 5 ％＝ 5 万円
> 　　　　 2 年目の利息＝105万円× 5 ％＝ 5 万2,500円
> 　　　　 3 年目の利息＝110万2,500円× 5 ％＝ 5 万5,125円

　1 年目の利息は単利と同じであるが， 2 年目の利息は 1 年目よりも2,500円増えている。これは， 1 年目に得た利息 5 万円を新たな元本として再度運用したことによって得られた利息である。同様に， 3 年目は 2 年目までに得た利息の合計である10万2,500円を新たな元本として再度運用しており，利息が 2 年目よりもさらに増えている。また， 3 年間の利息の合計で比べると，単利の場合は 3 年間で15万円であるのに対して，複利の場合は15万7,625円と複利のほうが7,625円だけ多い。

　このように，複利には利息が利息を生むという効果があり，これは「複利効果」とよばれる。複利効果は，運用期間が長いほど，また運用する金利の水準が大きいほど，より大きな効果を発揮する。投資は若い頃から始めるのが有利であるとよくいわれるが，その理由は投資の期間をより長くとることによって複利効果を活かすことができるからである。

2　将来価値と現在価値

　「将来価値」は，ある金利（割引率）のもとで現在のお金を運用したときに， 1 年後， 2 年後などといった将来にいくらになっているのかを表す。これは，

結局のところ，利息を複利で計算したときの元利金の合計を求めていることと同じである。例えば，前述の例と同じ元本100万円を金利（年利）５％で３年間運用する場合の将来価値は，次のようになる。

（例） 元本100万円，金利５％，３年間運用した場合の将来価値

1年後の将来価値＝100万円×（1＋0.05）＝105万円

2年後の将来価値＝100万円×（1＋0.05）^{2}＝110万2,500円

3年後の将来価値＝100万円×（1＋0.05）^{3}＝115万7,625円

次に，「現在価値」は，ある金利（割引率）のもとで，１年後，２年後などといった将来のお金を現在のお金に換算するといくらになるのかを表す。これは，ある金利（複利）で運用したときに，現在においていくらのお金があれば，将来のお金と同じ金額まで増やすことができるのかを求めていることと同じである。例えば，１年後に得られる105万円を金利（年利）５％で現在の価値に換算する場合は，次のようになる。

（例） 金利５％，１年後に得られる105万円の現在価値

$$現在価値＝\frac{105万円}{（1＋0.05）}＝100万円$$

よって，１年後の105万円は金利５％の下で現在の価値に換算すると100万円になる。これは，現在において100万円のお金があれば，金利５％で運用することで105万円まで増やすことができるということと同じである。また，２年後に得られる105万円を金利（年利）５％で現在の価値に換算する場合は，次のようになる。

（例） 金利５％，２年後に得られる105万円の現在価値

$$現在価値＝\frac{105万円}{（1＋0.05）^2}＝95万2,381円$$

上記より，現在において95万2,381円のお金があれば，金利５％で２年間複

利で運用することで105万円まで増やせる。つまり，お金の時間価値を考慮した場合，現在の100万円と1年後の105万円，また現在の95万2,381円と2年後の105万円は，同じ価値であることを意味する。

また，1年後と2年後の105万円の現在価値を比較すると，2年後のほうが低い。3年後の105万円の現在価値を求めると，さらに低くなる。つまり，現在価値に換算する期間が長ければ長いほど，現在価値は小さくなる（【図表4－8】参照）。

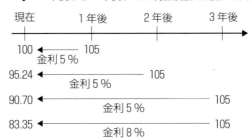

【図表4－8】 1年後から3年後までの現在価値の比較（単位：万円）

さらに，現在価値を金利（割引率）の水準で比較すると，現在価値を換算する期間が同じであっても，金利（割引率）が大きいほど現在価値は小さくなる。これは，単純に現在価値に換算するときに，より大きく割り引かれると考えるとわかりやすいだろう。なお，金利（割引率）の水準は市場金利やリスクなどの影響を受ける。例えば，株式は債券よりも一般的にリスクが高く，将来に得られるキャッシュ・フローが不確実であるため，金利（割引率）はより高くなる傾向がある。

最後に，将来価値と現在価値の求め方を一般的な式で表すと，次のようになる。式のrは金利（割引率），tは期間（年）を表している。式からわかるように，将来価値と現在価値は表裏一体の関係にある。なお，rはパーセントではなく小数を入れる必要がある。例えば，5％であれば0.05が入る。

第4章　証券の基礎

$$t年後の将来価値＝現在価値 \times (1＋r)^t$$

$$現在価値＝\frac{t年後の将来価値}{(1＋r)^t}$$

3　債券の価値

上述した現在価値の考え方を応用し，債券の価値を評価してみよう。ここでは，債券の中でも最もシンプルな割引債を取り上げる。

例えば，満期1年，額面金額100万円の割引債を評価する。まず，この割引債を購入し，保有することで得られる将来キャッシュ・フローは，1年後（満期時）に返済される100万円（額面金額）のみである。また，この割引債の評価に用いる金利（割引率）を5％と仮定すると，現在価値は，次のように求められる。

（例）　満期1年，額面金額100万円の割引債の価値（金利は5％と仮定）

$$満期1年の割引債の現在価値＝\frac{100万円}{(1＋0.05)}＝95万2,381円$$

ここでは満期1年の割引債を評価したが，例え満期が2年であっても同様の方法で現在価値を求めることができる。つまり，債券の中でも最もシンプルな割引債の価値は，上述した現在価値の一般的な式から評価できる。

また，この満期1年の割引債が市場価格94万円で売られていた場合，合理的な投資家はどのような投資判断を行うだろうか。債券の価値は95万2,381円であるのに対して，市場価格は94万円である。つまり，市場価格は債券の価値よりも安い値段であるため割安（買い）と判断できる。一方，市場価格が97万円であった場合は，債券の価値よりも高いため割高（売り）と判断できる。このような投資判断に基づく売買が行われると，市場価格と債券の価値はいずれ等しくなると考えられる。

最後に，この満期1年の割引債を評価するときの金利（割引率）に変化が生

65

じた場合について考えてみよう。例えば，市場金利が上昇した場合やこの割引債を発行している発行体の債務返済能力に問題（リスク）が生じた場合である。これらの変化は，どちらも金利（割引率）の上昇要因となる。その結果，この割引債の価値は金利（割引率）が上がる前よりも低く評価されることになる。また，割引債の価値の低下に伴って，市場価格も下落すると考えられる。

【参考文献】

池尾和人『現代の金融入門 ［新版]』筑摩書房，2010年。

大村敬一・俊野雅司『証券論』有斐閣，2014年。

川北英隆『テキスト　株式・債券投資〈第2版〉』中央経済社，2010年。

榊原茂樹・城下賢吾・岡村秀夫・山口聖・月岡靖智・北島孝博『新・入門証券論』有斐閣，2024年。

手嶋宣之『基本から本格的に学ぶ人のためのファイナンス入門』ダイヤモンド社，2011年。

安田嘉明・貞松茂・林裕『金融入門〔改訂版〕』財務経理協会，2014年。

第5章

証券市場と証券業務

第1節　証券市場とは何か
第2節　発行市場と流通市場
第3節　証券市場の機能
第4節　証券会社の業務

第1節　証券市場とは何か

　証券市場とは，市場（いちば）のような特定の場所を表しているわけではなく，証券の発行や売買が行われる場を抽象的に表したものである。例えば，ある株式会社が証券市場で資金を調達すると発表した場合は，株式や社債などの証券を新たに発行し，投資家から資金を集めるということを単に意味する。

　証券市場は，「発行市場」と「流通市場」の2つに大別される。さらに，それぞれの市場は，株式発行市場，債券発行市場，株式流通市場，債券流通市場のように分けられる。発行市場は，証券を新たに発行し，資金を調達するための第一次市場である。一方，流通市場は，すでに発行された証券の売買を行うための第二次市場である。

　これらの市場の例えとして，本の出版と中古本の売買が考えられる。

　まず，本の発行市場に相当するのは，出版社による新刊の発行である。一方，流通市場に相当するのは，個人間で売買できるフリマアプリのプラットフォーム（メルカリなど）である。すなわち，一度販売された本（中古本）がフリマアプリを通して売買され，何人もの読者の手に渡るということである。なお，証券市場におけるプラットフォームといえるものは，後述する証券取引所である。

　発行市場と流通市場は，それぞれ独立しているわけではなく，密接につながっている。例えば，投資家の多くは流通市場で証券を売却（売買）できることを念頭に置いて，発行市場での資金提供に応じていると考えられる。つまり，流通市場がなければ，発行市場は十分に機能せず，証券による資金調達は限られたものになるだろう（【図表5－1】参照）。

　証券市場には，株式や債券といった証券による金融取引を円滑に行うための仕組みがある。まず，資金提供者と資金調達者の間で行われる金融取引を円滑に行うには，そもそも誰が資金を調達しようとしているのか，誰が資金を提供できるのか，といった情報が必要である。また，投資家間による証券の売買を

第5章 証券市場と証券業務

【図表5－1】 発行市場と流通市場における証券の流れ

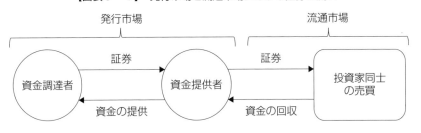

円滑に進めるには，誰が，どんな証券を，いくらで売買しようとしているのかといった情報を集約する必要がある。このような情報を収集し，証券による金融取引を円滑にするための主要な機関が証券会社や証券取引所などである。

したがって，証券市場は証券の発行や売買が行われる場であると同時に，証券の発行体（企業や政府など），投資家，証券会社，証券取引所などのさまざまなプレイヤーや機関が活躍する場でもある。

第2節　発行市場と流通市場

1　発行市場

発行市場は主に，株式や債券などの証券を新たに発行し，資金を調達するための第一次市場である。例えば，ある株式会社が株式を新たに発行し，工場を新設するための資金を市場から調達すると発表した場合，この市場は株式発行市場のことを表す。発行市場において，証券会社は証券の発行体の資金調達を支援・仲介するための業務を請け負うなど，重要な役割を果たしている。先の例であれば，株式の発行価格を決定するための情報，また投資家の反応に関する情報の収集や伝達を行い，株式による資金調達を確実にしようとするための役割を担う。

発行市場で証券を発行する方法は，どのような投資家に向けて発行するのかによって，「公募発行」と「私募発行」の2つに大別される。公募発行は，50名以上の不特定多数の投資家に向けて，証券を売り出すときの方法である。一

方，私募発行は50名未満の少数の投資家に向けて，証券を勧誘し，売り出すときの方法である。また，50名以上であっても，銀行や保険会社などの適格機関投資家とよばれるプロの投資家のみに向けて売り出す場合も，私募発行に分類される。公募発行と私募発行の重要な違いは，投資家に対する情報提供にある。より多くの投資家に向けて証券を売り出す公募発行の場合，証券の発行体は投資家保護の観点からより多くの情報提供が求められる。

また，証券の発行方法は，仲介役の有無によっても，「間接発行」と「直接発行」に分けられる。間接発行は，証券の発行体と投資家の間に，証券会社などのアンダーライターとよばれる仲介役が入る方法である。証券の発行体は，証券の発行に必要な情報収集や手続きをアンダーライターに依頼することができる。一方，直接発行は，このような仲介役が入らず，証券の発行体が投資家に向けて証券を直接発行する方法である。この場合，証券の発行体は自ら投資家を探したうえで，証券の発行手続きを進めなければならない。その代わり，仲介手数料などのコストを節約することができる。

2　流通市場

流通市場は，すでに発行された証券の売買を行うための第二次市場である。例えば，ある投資家がある株式会社の株式に投資をしたいと考えた場合は，株式流通市場において他の投資家からその株式を購入することができる。流通市場においても，証券会社は証券の売買を仲介するための業務を請け負うなど，重要な役割を果たしている。先の例であれば，証券会社は投資家からの売買注文を受け付け，それを証券取引所に取り次ぐための役割を担う。

発行市場とは異なり，流通市場では通常新たな資金調達が行われるわけではない。また，流通市場における投資家間の売買は，すでに調達された資金に対しては何ら影響を及ぼさない。では，流通市場には，どのような役割があるのだろうか。

流通市場の基本的な役割は，すでに発行された証券に「価格」と「流動性」を与えることである。ここでの価格は，株価や債券価格といった証券の価格の

第5章　証券市場と証券業務

ことを意味し，これらは投資家間で証券が売買されることによって付けられる。また，流動性は換金の容易さを意味し，証券に流動性が与えられることによって，投資家は保有する証券を市場で売却できるようになる。ただし，流動性の高さは銘柄（投資対象）によって異なる。例えば，日本を代表するような企業の株式は，買い手や売り手が多く売買しやすい（流動性が高い）。一方，あまり注目されていない企業の株式は，買い手や売り手が少なく売買しにくい（流動性が低い）。

　また，流通市場は，発行市場における資金調達を円滑にする役割も果たしている。この点について，仮に流通市場が整備されておらず，発行市場のみ存在する株式市場を例に説明しよう。まず，発行市場で株式を購入した投資家は，流通市場がない場合において，資金の回収という面で問題が生じる。なぜなら，株式会社は株式で調達した資金を返済する義務がなく，株主は株式を他者に売却しない限り，自ら資金を回収する手段を持たないためである。そのうえ，他者に売却するためには，希望する条件を満たす取引相手を自ら探す必要があり，容易ではない。また，得られる配当金は，企業業績や経営方針によって異なるため，全く見返りが得られないこともありうる。このような状況が想定される場合，発行市場で株式を購入し，資金を提供しようとする投資家は限られてくるだろう。つまり，流通市場が整備されていない場合は，発行市場での資金調達にも問題が生じるのである。よって，流通市場を整備し，証券を他の投資家に売却する仕組みを整備することは，発行市場における円滑な資金調達につながっているのである。

　流通市場で証券を売買する方法は，「取引所取引」と「店頭取引」の2つに大別される。取引所取引は，証券会社を通して集められた投資家の注文を証券取引所に集約し，売買を成立させる取引である。一方，店頭取引は，証券会社と投資家が直接相対して行う取引である。これらの取引における証券会社の役割については，後に説明する証券会社の業務で触れる。また，取引所取引については，**第6章**で詳しく説明する。

71

第3節　証券市場の機能

　証券市場には，資金調達を求める企業（あるいは政府など）と投資機会を求める投資家の相反するニーズを調整する機能がある。

　まず，企業が証券市場から資金を調達する場合は，長期で大量の資金を求めることが多い。その理由として，工場新設や店舗拡大といった設備投資には多くの場合において大量の資金が必要であること，また投資をしてから資金を回収するまでには長期の時間を要することがあげられる。しかし，長期で大量の資金を提供できるような投資家は，大口の資金を運用する「機関投資家」などに限られる。例えば，機関投資家の1つである保険会社であれば，保険料によって集めた資金を長期で運用する傾向があるため，このような資金提供に応じられると考えられる。

　一方，投資家が証券市場で資金を運用する場合は，短期で少額の資金からでも投資できるような機会を求めることも多い。特に，個人投資家は，急ぎで資金が必要になったときやリスクを回避したいと考えたときに，即座に資金を回収したいと望むだろう。また，少額からこつこつ投資をしたいという投資家も非常に多いと考えられる。

　このような企業（あるいは政府など）と投資家の相反するニーズは，証券市場の「資金の小口化」と「短期の資金を長期の資金に変換する」という2つの機能により調整される。

　まず，資金の小口化とは，一定の単位に分割した証券を大量に発行することで，不特定多数の投資家から小口の資金を集めることを意味する。少数の投資家からでは十分な資金を調達できない場合でも，非常に多くの投資家から小口の資金を集めることで，結果として企業（あるいは政府など）は大量の資金を調達することができる（【図表5-2】参照）。

　また，短期の資金を長期の資金に変換するとは，流通市場で証券が繰り返し売買されたとしても，企業（あるいは政府など）が調達した当初の資金には何

【図表5－2】 資金の小口化

ら影響を及ぼさないということである。すなわち，投資家にとってはいつでも流通市場で売却することで資金を短期のうちに回収できる一方，企業（あるいは政府など）にとっては発行市場で調達した資金を長期にわたって利用できるということである。この2つの機能によって，上述した投資家の相反するニーズは調整されているのである。

次に，証券市場のうち株式市場には，さらに「コーポレート・ガバナンス」とよばれる機能が備わっている。コーポレート・ガバナンスとは「企業統治」ともよばれ，株式会社やその経営者に適切な経営を促す仕組みのことである。例えば，株式会社の役員に外部の経営者（社外取締役）を招くことは，その会社の経営が外部の視点から監視・監督されるということであり，特に不正や不祥事を防止するという点において重要である。

また，株式市場で日々動いている株価は，このような仕組みの1つとして機能していると考えられる。その理由は，株価の動きがその会社の評価や評判を表しているとみなされているためである。例えば，業績が悪化しているある株式会社について，多くの投資家に今後も回復する見込みがないと判断されれば，その会社の株式は売られるだろう。その結果，株価は下がることになる。そして，株価が大きく下がり続けた場合は，経営者にとって望ましくない問題が生じる可能性が出てくる。

それは，他の会社から企業買収を仕掛けられるリスクが高まることである。企業買収とは，株式会社が発行する株式の過半数以上を買い占めることで，その会社の経営権を支配することを意味する。株価が大きく下がれば，その会社の時価総額は小さくなるため企業買収しやすくなる。もし，同意なき買収（敵対的買収）により経営権が握られれば，買収された会社の経営者は責任をとら

されて追い出されるかもしれない。つまり，経営者は自身の立場を守るために
も，会社の評価や評判を高める経営をするように促される（動機づけられる）
のである。

　また，その他の問題として，増資による資金調達能力の低下があげられる。
増資から調達できる資金額は，株式の発行価格と発行する株式数によるが，発
行価格は通常株価を基準に決められる。では，発行する株式数を単純に増やせ
ばよいのかというとこれは難しい。なぜなら，株式数の増加は1株当たりの利
益が小さくなる希薄化という問題につながるからである。よって，株価が大き
く下がると，経営者は有望な新規事業を見つけたとしても増資による資金調達
を断念せざるをえないことがありうる。つまり，株価の動きは，資金調達の面
においても重要である。

第4節　証券会社の業務

　証券会社は，金融商品取引法のもとでは「金融商品取引業者」とよばれ，証
券市場において株式や債券などの有価証券の引受や売買に関する業務を行う。
その主な役割は，情報の収集と伝達にある。例えば，発行市場において資金が
円滑に流れるためには，誰が資金を調達しようとしているのか，また誰が資金
を提供できるのかといった情報が必要である。また，流通市場では，誰が，ど
の証券を，いくらで売買しようとしているのかといった情報がなければ，取引
を成立させることは難しい。

　これらの情報を収集し，伝達することで，証券会社は発行市場においては資
金調達の支援・仲介に関する業務を行う。具体的には，証券の引受・売出を行
う「アンダーライター業務（アンダーライティング）」と証券の募集・売出を
行う「ディストリビューター業務（セリング）」がある。

　また，流通市場においては，証券の売買を仲介する業務を行う。具体的には，
証券の委託売買を行う「ブローカー業務（ブローキング）」と証券の自己売買
を行う「ディーラー業務（ディーリング）」がある。なお，アンダーライター

業務を行う機関はアンダーライターとよばれ，ここでは証券会社のことを指す。同様に，ディストリビューター，ブローカー，ディーラーも，ここでは証券会社のことを指す（【図表5－3】参照）。

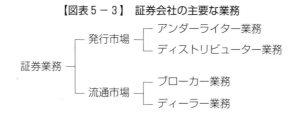

【図表5－3】 証券会社の主要な業務

1　発行市場における業務

　アンダーライター業務とディストリビューター業務は，発行市場における資金調達の支援・仲介に関する業務である。前者は証券の引受・売出を行うのに対して，後者は証券の募集・売出しを行う。これら2つの業務は似ているように思われるかもしれないが，証券による資金調達を保証しているかどうか，また証券会社自身が業務を行ううえでリスクを負っているかどうかで大きく異なる。

　なお，証券の引受と募集が新しく発行される証券を取り扱うのに対して，売出はすでに発行されている証券をあたかも新しく発行された証券のように取り扱うという違いがある。以下では，引受と募集についてそれぞれ説明しているが，売出についても同様の説明があてはまる。

① アンダーライター業務（アンダーライティング）

　アンダーライター業務は，資金調達のために発行された証券を引き受け，それを投資家に販売する業務である。また，証券の発行を計画している企業などに対して，情報提供やアドバイスを行う。例えば，証券をどのような条件で発行するのか，またそれに対する投資家の反応などについて助言を行う（【図表5－4】参照）。

　証券の引受の仕方は，「残額引受」と「買取引受」の2つに大別される。残

【図表 5 - 4】 アンダーライター業務

額引受は，証券の販売が不調に終わり売れ残った場合に，アンダーライターが買い取る方法である。一方，買取引受はアンダーライターが証券を最初に取得し，それを販売する方法である。いずれの方法にせよ，アンダーライターは証券による資金調達を保証している。証券を発行する企業などにとっては確実に資金調達ができる一方で，アンダーライターにとっては引き受けた証券が売れ残るというリスクを負う。その分，アンダーライターは，リスクに見合った対価（手数料）を求める。

② ディストリビューター業務（セリング）

ディストリビューター業務は，証券会社や企業などから証券の販売委託を受けて，投資家に証券を販売する業務である。アンダーライターと異なり，証券の販売を代行しているだけであり，委託された証券が売れ残ったとしても引き受けない。したがって，ディストリビューターは資金調達を保証しておらず，売れ残るというリスクを負っていない。

2 流通市場における業務

ブローカー業務とディーラー業務は，流通市場における証券の売買の仲介に関する業務である。前者が証券の委託売買を行うのに対して，後者は証券の自己売買を行っている。これら2つの業務の大きな違いは，発行市場における業務と同様に，証券会社自身が業務を行ううえでリスクを負っているかどうかにある。

③ ブローカー業務（ブローキング）

ブローカー業務は，顧客である投資家から証券（特に株式）の売買注文を受け付け，その注文情報を証券取引所に取り次ぐ業務である。証券取引所では，

各証券会社から送られてきた注文情報を集約し，買い注文と売り注文をつきあわせることで売買を成立させる（**【図表5－5】**参照）。

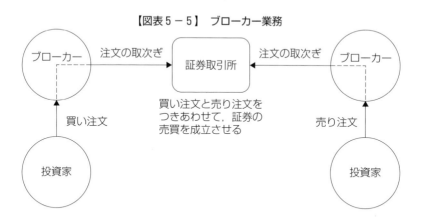

【図表5－5】　ブローカー業務

　投資家は，証券取引所に直接注文することができないため，証券取引所で売買を行うためにはブローカーに注文を委託する必要がある。つまり，ブローカーは，注文情報を取り次ぐ仲介役として委託売買を行っており，証券の売買に伴うリスクを負っていない。なお，仲介の見返りとして，通常投資家から売買委託手数料をとっているが，近年の大手ネット証券の中には株式売買委託手数料を無料化しているところもある。

④　ディーラー業務（ディーリング）

　ディーラー業務は，自己の資金で証券（特に債券）の売買を行う業務である。ディーラーは，投資家からの売買注文に対して直接その相手方となり，取引に応じる（店頭取引とよばれる）。例えば，投資家などから証券を一旦購入し，一時的に在庫として保有する。そして，投資家からの注文に応じて，保有している証券を売却する。このような売買を繰り返すことで，証券の売買を仲介している。ブローカーと異なり，ディーラーは証券の自己売買を行っているため，投資家と同様に証券の売買に伴うリスクを負っている。例えば，証券を一時的に在庫として保有している間に価格が値下がりすれば損失を被ることになる。

【参考文献】

池尾和人『現代の金融入門［新版］』筑摩書房，2010年。

大村敬一・俊野雅司『証券論』有斐閣，2014年。

川北英隆『テキスト　株式・債券投資〈第2版〉』中央経済社，2010年。

榊原茂樹・城下賢吾・岡村秀夫・山口聖・月岡靖智・北島孝博『新・入門証券論』有斐閣，2024年。

安田嘉明・貞松茂・林裕『金融入門〔改訂版〕』財務経理協会，2014年。

第6章

証券取引所の仕組み

第1節　証券取引所とは何か
第2節　証券取引所における取引の
　　　　仕組みと決済
第3節　株 価 指 数

第1節　証券取引所とは何か

　「証券取引所」は，流通市場において中心的な役割を果たしている機関である。**第5章**で説明したとおり，流通市場はすでに発行されている証券を投資家同士で売買する場である。この場において，証券取引所は投資家からの注文を証券会社経由で集約することで，円滑な売買を実現する。特に，株式の売買については，証券取引所が中心である。

　流通市場の役割と同様に，証券取引所の基本的な役割は「流動性の確保」と「価格発見機能の向上」である。流動性の確保とは，証券取引所に多くの投資家からの注文を集めることで，取引が成立しやすい状況を確保することである。また，価格発見機能の向上とは，さまざまな情報を有する投資家の買い注文と売り注文を集めることで，適正な価格（証券の価値を評価した合理的な価格など）がつきやすくなるということである。これは，少数の投資家によって決まった価格よりも，不特定多数の投資家による競争売買を通じて決まった価格のほうが理にかなっていると考えるとわかりやすいだろう。ただし，株式市場で歴史的に繰り返されるバブル（株価が株式の価値から大きく乖離して上昇すること）からもわかるように，株価はいつも適正とは限らない。

　証券取引所で株式が取引されるためには，証券取引所の審査をクリアし，「上場」する必要がある。まず，上場とは証券取引所の売買対象（銘柄）として認められることであり，「上場企業」はその会社の株式が売買対象のリストに入っていることを意味する。特に，株式会社の新規上場は，「新規株式公開（IPO）」とよばれ，多くの投資家に注目される。また，上場時には「証券コード」とよばれる4桁のコードが割り当てられる。以前までは4桁の数字であったが，現在は英文字も組み入れられている。

　次に，審査とは，証券取引所の売買対象としてふさわしいかどうかを「上場基準」に基づいて審査することである。例えば，新規株式公開における上場基準として，上場時における株式数や時価総額が一定の要件を満たしているかな

第6章　証券取引所の仕組み

どがある。また，これら以外にも企業の今後の事業計画や経営の適切性などについても評価される。証券取引所は，これらの要件や評価に基づいて審査を行い，審査をクリアした株式会社のみが上場できる。逆に，上場している企業が上場維持基準を満たさなくなった場合は「上場廃止」となり，売買対象のリストから除外される。

　日本の証券取引所は，日本取引所グループ傘下の東京証券取引所（東証）が中心になっている。それ以外に，札幌，名古屋，福岡にも証券取引所が設立されているが，実際には上場企業の大半が東証に上場している。なお，東証の前身である東京株式取引所は1878年に，現在の１万円札の顔になっている渋沢栄一を中心に設立された（【図表６−１】参照）。

【図表６−１】　全国の証券取引所

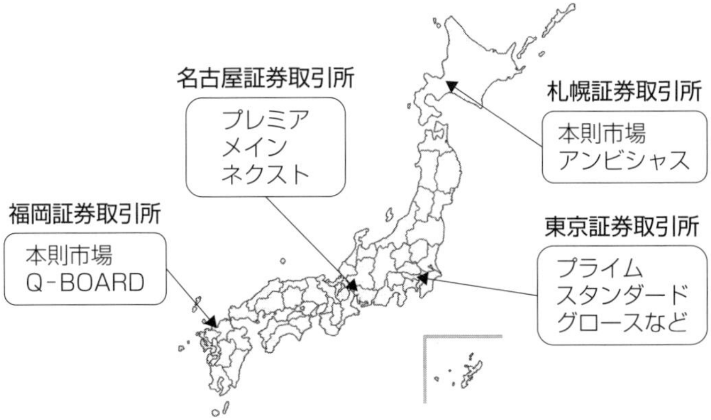

名古屋証券取引所
プレミア
メイン
ネクスト

札幌証券取引所
本則市場
アンビシャス

福岡証券取引所
本則市場
Q-BOARD

東京証券取引所
プライム
スタンダード
グロースなど

　また，各証券取引所には，コンセプトに応じた上場区分が設けられている。例えば，現在の東京証券取引所の一般市場では，プライム，スタンダード，グロースの３つの区分がある。プライム市場は主にグローバル企業向け，スタンダード市場は主に中堅企業向け，グロース市場は新興企業向けのコンセプトが示されており，上場基準もそれぞれ異なっている。最も厳しいのはプライム市場であり，スタンダード市場，グロース市場と続く。グロース市場は高い成長可能性を実現するための事業計画を策定することが求められるが，業績が赤字

でも上場することができる。

　全国の証券取引所に上場している株式会社の数は，約4,000社程度である。一方，日本の株式会社の数は，国税庁の2022年度の会社標本調査によると，約269万社である。つまり，証券取引所に上場している株式会社は，実は全体の0.2％にも満たない。これは，証券取引所の上場審査をクリアできる企業がそもそも多くないということもあるだろうが，上場によるデメリットも影響していると考えられる。

　まず，株式会社が証券取引所に上場し，株式を公開するメリットであるが，公募増資などにより株式市場の幅広い投資家から資金を調達できるようになることである。また，証券取引所の上場基準をクリアしたことによって，企業の社会的な信用力が高まる。さらに，上場企業という肩書きは，優秀な人材の獲得において有利になると考えられる。

　一方，株式を公開するデメリットとしては，多くの株主のために経営することが求められるため，経営者の経営責任や説明責任が重くなることである。また，上場株式は自由に売買できるため，企業買収のターゲットにされる可能性がある。さらに，幅広い投資家に向けた情報開示など上場企業には，さまざまなコストがかかる。特に近年は，アクティビストへの対応にもコストや時間がかかる可能性がある。以上のようなデメリットを考慮し，あえて上場しない企業も少なくないと考えられる。

第2節　証券取引所における取引の仕組みと決済

　証券取引所における取引には，さまざまなルールが設けられている。ここでは，基本的な(1)取引時間，(2)注文方法，(3)取引の原則，(4)売買の成立方法，(5)値幅制限，(6)売買成立後の決済方法について，順番に説明する。なお，ここで説明するルールは，東京証券取引所の売買制度に基づくものであり，その中でも通常の株式の売買を中心に説明する。ザラ場中は通常，このような処理が次々と行われ，取引の成立や板情報の更新が絶えず繰り返されていく。

第6章　証券取引所の仕組み

1　取引時間

　証券取引所における通常の株式の売買は，「立会内取引」で行われる。現在の取引時間は，平日の午前9時から11時30分までと午後12時30分から15時30分までの間に行われる（15時25分から30分までの5分間は注文受付のみ）。これらの時間帯は「立会時間」とよばれ，また午前の取引時間を「前場（ぜんば）」，午後の取引時間を「後場（ごば）」とよぶ。なお，前場と後場の間の時間帯はお昼休みとなっており，日本の証券取引所の特徴ともいえる（【図表6-2】参照）。

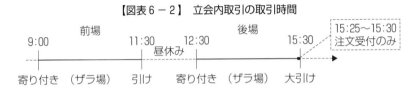

【図表6-2】　立会内取引の取引時間

　また，取引開始時点である午前9時と午後12時30分は「寄り付き」とよばれる。同様に，取引終了時点である午前11時30分は「引け」，午後15時30分は「大引け」とよばれる。寄り付きと（大）引けでは，その時点までに出された買い注文と売り注文がつきあわされ，後に説明する板寄せ方式とよばれるルールに基づいて売買が行われる。一方，寄り付きと（大）引け，また15時25分から30分までの注文受付時間（プレ・クロージング）を除く時間帯のことを「ザラ場」とよぶ。この時間帯では投資家から出された注文が次々と集まり，後に説明するザラバ方式とよばれるルールに基づいて売買が行われる。

　さらに，立会時間のうちで最初についた株価のことを「始値（はじめね）」，最も高い株価のことを「高値（たかね）」，最も低い株価のことを「安値（やすね）」，最後についた株価のことを「終値（おわりね）」とよぶ。これらは「四本値（よんほんね）」とよばれ，ここで説明している1日の四本値以外にも1週間や1か月間単位といった四本値もある。

　なお，立会内取引の他に，証券取引所の「立会外取引」や証券会社などが運

営する「私設取引システム（PTS）」がある。立合外取引は，大口の取引や複数の銘柄をセットで取引するバスケット取引などに対応しており，立会内取引では円滑に売買を成立させることが難しい取引に適している。例えば，東京証券取引所には，「ToSTNeT（トストネット）」とよばれる立会外取引が整備されている。また，PTSは証券取引所を通さずに株式などを売買できるシステムである。日本では，ジャパンネクスト証券会社が運営するジャパンネクストPTS（JNX）などが利用でき，立会内取引では対応していない夜間でも売買することができる。

2 注文方法

① 板情報（板）

「板情報（板）」とは，投資家が出した注文情報を集約した表のことであり，「気配値（けはいね）」ともよばれる。板情報は，さまざまな投資家の買い注文と売り注文の状況を端的に値段と数量で表しており，投資家の注文控えといえるものである。例えば，【図表6－3】は，立会時間中のある銘柄（株式）の板情報である。表の見方は，中央の列が値段，左の列が売り注文の数量，右の列が買い注文の数量を表している。投資家は，このような板情報を銘柄ごとに確認しながら取引することができる。

【図表6－3】　板情報（板）

売り注文（株）	値 段	買い注文（株）
	成 行	
500	732円	
800	725円	
500	720円	
	711円	600
	710円	1,000
	700円	200

② 注文の種類

投資家が出す注文は，証券会社を通して，証券取引所の板情報に集められる。

注文の出し方には、「指値注文」と「成行注文」という2つの基本的な方法がある。

　まず、指値注文は、投資家が取引したい値段を指定することができる注文方法である。板情報は、主にこの指値注文の集まりであり、注文が執行されて約定（売買が成立）するか、あるいはキャンセルされるまで注文は残り続ける。指値注文のメリットは、投資家の希望どおり、あるいはそれよりも有利な値段で取引できることであるが、株価の動きによっては取引が成立しないというデメリットがある。

　一方、成行注文は、値段を指定せずに注文する方法である。値段に関わらず買いたいあるいは売りたいというときの注文方法であり、対応する反対注文がある限りは即座に約定する。成行注文のメリットは、多くの場合において取引が即座に成立することであるが、値段を指定しないため、思わぬ高値買いや安値売りをしてしまうというデメリットがある。

③　注 文 価 格

　投資家が出す注文価格には最小単位の刻み幅があり、これを「呼値（よびね）の単位」とよぶ。刻み幅は証券取引所によって定められており、銘柄の価格の水準や銘柄が属するグループによって決まっている。

　例えば、株価水準が5,000円超10,000円以下の通常の銘柄は10円刻みで注文を出すことができる。また、3,000円超5,000円以下の場合は5円、3,000円以下の場合は1円と決まっている。一方、TOPIX 500とよばれるグループに属する銘柄はより刻み幅が細かい。例えば、3,000円超10,000円以下の銘柄の刻み幅は1円、1,000円超3,000円以下は0.5円、1,000円以下は0.1円と決まっている。これら以外の水準については、証券取引所のホームページなどから確認できる。

　なお、TOPIXは、後に説明する東証株価指数のことであり、主に東証プライムに上場する企業を中心に構成される。TOPIX 500は、その中でも特に時価総額と流動性が非常に高い100銘柄（TOPIX 100）と、これに次ぐ時価総額と流動性を持つ400銘柄（TOPIX Mid 400）から構成される。

④ 売買単位

投資家が売買できる注文株数にも最小単位があり，これを「売買単位（単元株）」とよぶ。現在の東京証券取引所は，売買単位を100株（1単元）に統一しており，投資家は100株単位で注文を出すことができる。つまり，株式を購入するときには，少なくとも注文価格と100株を掛けた金額の投資資金が必要になる。なお，近年は，大手ネット証券を中心に100株に満たない株数からでも売買できるサービスが提供されている。これは「単元未満株取引」とよばれ，1株からでも売買できる。

3　取引の原則

立合内取引における売買は，競争売買（オークション）によって行われる。この競争売買には，「価格優先の原則」と「時間優先の原則」という2つの取引の原則がある。

まず，価格優先の原則は，板情報にさまざまな値段の注文があるときに，価格で注文の優先順位を決めることである。買い注文はより値段が高い注文が優先され，また，売り注文はより値段が安い注文が優先される。値段を指定せずに注文する成行注文は，値段に関わらず買いたい，あるいは売りたいという注文のため，この原則の中では最も優先される。

次に，時間優先の原則は，板情報に同じ値段の注文が複数あるときに，注文時間で優先順位を決めることである。買い注文と売り注文のどちらもより早く注文したほうが優先される。これらの原則の例については，次の売買の成立方法で説明する。

4　売買の成立方法

立会内取引の競争売買において，売買注文を成立させる方式は2つある。1つは「板寄せ方式」とよばれる方法であり，主に立会時間における取引の開始時（前場と後場の寄り付き）と終了時（引けと大引け）の売買を成立させる方式である。この方式では，前述の時間優先の原則は適用されず，すべての注文

が同時に出されたものとして扱われる。もう1つは，「ザラバ方式」とよばれる方法であり，立合時間におけるザラ場中の売買を成立させる方式である。この方式では，価格優先の原則と時間優先の原則のどちらも適用される。

①　板寄せ方式

板寄せ方式における売買注文の成立方法であるが，ここでは前場の寄り付きを例にして，始値がどのように決まるのかについて見ていく。

【図表6-4】は，取引が始まる前（寄り付き前）の板情報である。ここから最初の取引価格を決定するわけであるが，買い注文と売り注文が同じ値段にあったり，買い注文の値段よりも安い売り注文があったりするなど乱雑としている。では，この板情報から最初の取引として最も都合のよい価格をどのように決めればよいのだろうか。

【図表6-4】　寄り付き前の板情報（板）

累計(下から上)	売り注文（株）	値　段	買い注文（株）	累計(上から下)
	2,000	成　行	3,000	
5,500	500	712円		3,000
5,000	1,000	705円	500	3,500
4,000	1,500	700円	1,000	4,500
2,500	500	699円	2,000	6,500
2,000		697円	1,000	7,500
2,000		694円	500	8,000

それは，少なくとも次の3つの条件を満たす価格を見つけることである。
① 　成行注文はすべて約定（売買）できる
② 　取引価格よりも高い買い注文と安い売り注文のすべてが約定（売買）できる
③ 　取引価格において，買い注文と売り注文のいずれか一方のすべてが約定（売買）できる

やや複雑そうに見えるが，このような条件を満たす価格を見つける方法として，【図表6-4】のような注文株数の累計から特定するという方法がある。

まず，注文株数の累計の仕方についてであるが，買い注文は成行注文の株数

から始まり，指値注文の株数を上から下にかけて累計している。逆に，売り注文は成行注文の株数から始まる点は同じだが，指値注文の株数を下から上にかけて累計している。次に，同じ値段における買い注文と売り注文の累計数量が一致あるいは逆転しているところを見つける。

【図表6－4】の例では，700円のところで買い注文の累計が売り注文の累計を逆転していることがわかる。同様に，705円のところでも，売り注文の累計が買い注文の累計を逆転している。つまり，このどちらかの価格が最初の取引として最も都合のよい価格となる。

後は，最初の取引価格を700円あるいは705円とした場合に，上述の３つの条件を満たすかどうかを確認すればよい。まず，705円とした場合は，3,500株の買い注文と売り注文の取引がすべて705円で成立することになるが，700円の売り注文が残ってしまう。つまり，３つの条件のうちの②を満たさない。一方，700円とした場合は，4,000株の買い注文と売り注文の取引がすべて700円で成立することになり，３つの条件をすべて満たす。したがって，最初の取引価格である始値は700円となり，寄り付き後の板情報は【図表6－5】のようになる。

【図表6－5】 寄り付き後の板情報（板）

売り注文（株）	値 段	買い注文（株）
	成 行	
500	712円	
1,000	705円	
	700円	500
	699円	2,000
	697円	1,000
	694円	500

① ザラバ方式

次に，ザラバ方式における売買注文の成立方法についてであるが，ここでは寄り付きから一定時間経過後の板情報を例にして，売買注文がどのように成立していくのかについて見ていく。

第6章　証券取引所の仕組み

　【図表6－6】は，ザラ場におけるある時点の板情報である。まず図表の見
方であるが，同じ値段における注文時間の早さを示すために，注文数量を分け
ている。ここでは値段の内側に近いほど時間的により早く出した注文とする。
では，この板情報から新しい売買注文が入ったときに，どのように取引が成立，
あるいは板情報が更新されるのだろうか。

【図表6－6】　ザラ場中の板情報（板）

売り注文（株）	値　段	買い注文（株）
	成　行	
500	732円	
300，500	725円	
100，400	720円	
	711円	100，200，300
	710円	400，600
	700円	200

　例えば，1,000株の成行買い注文が入ったとする。まず，価格優先の原則に
より，より安い売り注文である720円で計500株の取引が成立する。次に，残り
の500株については，次の725円の売り注文と取引が成立する。ここでは時間優
先の原則により，より早く出した500株の注文が優先される。その結果，株価は
725円となる。

　また，その後に指値710円で1,000株の売り注文が入ったとする。まず，価格
優先の原則により，711円で計600株の取引が成立する。次に，残りの400株に
ついては，710円の買い注文と取引が成立する。ここでも時間優先の原則によ
り，より早く出した400株の注文が優先される。その結果，株価は725円から
710円へと15円下落する。

　さらに，続けて指値715円で500株の売り注文が入ったとする。この場合は，
715円以上の買い注文がないため，取引は成立しない。その代わり，板情報の
715円のところに500株の売り注文が追加される。

89

5 値幅制限

証券取引所では，1日の取引時間中に変動する株価の幅に制限を設けている。これは「値幅制限」とよばれる仕組みであり，制限する幅のことを「制限値幅」とよぶ。制限値幅の大きさは，証券取引所によって定められており，基準値段（前日の終値）によって決まっている。

例えば，前日の終値が750円であったとする。東京証券取引所では，700円超1,000円未満の制限値幅を150円と定めている。したがって，当日の取引は600円から900円の範囲内でのみ成立し，株価はどんなに下がっても600円までしか下がらない。同様に，どれだけ株価が上がったとしても900円までしか上がらない。もし，株価が制限値幅の下限に達した場合は「ストップ安」とよばれ，これよりも安い価格では取引が成立しない。同様に，株価が制限値幅の上限に達した場合は「ストップ高」とよばれ，これよりも高い価格では取引が成立しない。

株価の変動にこのような制限を設けている理由は，極端に株価が上下すると投資家に大きな影響を与える恐れがあるためである。そこで，1日の株価変動を一定の範囲内に抑制することで，投資家に冷静になってもらう時間を与え，その影響を和らげているのである。

6 売買成立後の決済方法

株式の売買が成立すると，株式の買い手は株式を受け取る代わりに，代金を支払う必要がある。一方，売り手は代金を受け取る代わりに，株式を引き渡す必要がある。このような株式と代金の受け渡しを行うことを「決済」とよぶ。証券取引所では，1日の中だけでも大量の取引が行われているため，決済を効率的に行う仕組みが整備されている。

この仕組みの中心となる機関が，「日本証券クリアリング機構（JSCC）」とよばれる清算機関である。JSCCの主な役割は，決済の仲介役として決済に関する情報を集約し，円滑な決済を実現することである。具体的には，株式や代

金の受け渡しを整理(相殺)することで,差額分のみの決済を行う「ネッティング」とよばれる方式を取り入れている。

また,JSCC以外の重要な機関として,「証券保管振替機構(ほふり)」がある。ほふりは,株式を含む証券を集中的に管理する機関である。銀行がお金を管理する口座を扱うのと同様に,ほふりは株式の口座を扱っている。ただし,ほふりに直接口座を開設しているのは,証券会社やJSCCなどであり,投資家は証券会社に開設している証券口座から間接的に株式を預けていることになる。

【図表6-7】は,株式の決済の流れを示している。図表からわかるように,決済は株式の買い手と売り手が直接行うのではなく,JSCCを仲介役とした証券会社間の口座振替で行われる。ここでは株式の受け渡しについて示しているが,代金の受け渡しについても同様である。ただし,仲介役はほふりではなく,日本銀行などの銀行がその役割を担う。

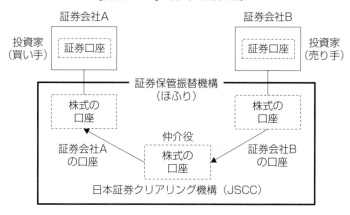

【図表6-7】 株式の決済の流れ

上述の決済が行われるのは,売買が成立してから2営業日後である。つまり,株式の売買日と決済日には,ずれがある。このずれは,特に配当金や株主優待などの株主の権利を得たい場合において重要である。

まず,株主の権利を得るためには,「基準日(権利確定日)」とよばれる特定の日付に株式を保有している必要がある。基準日は多くの会社において,決算

91

が行われる月の最後の営業日に設定されている。例えば、ある株式会社の基準日と前後の営業日が【図表6-8】のようになっているとする。基準日は31日（月）であり、この日までにこの会社の株式を受け取る必要がある。そのためには、この日から2営業日前である27日（木）までにこの株式の買い注文を成立させる必要がある。そうすれば、基準日までに株式を受け取ることができ、この株式会社の株主名簿に記載されることになる（つまり、株主の権利が得られる）。

なお、株主の権利が得られる売買の最終日のことを「権利付最終日」、また権利が得られない日を「権利落ち日」とよぶ。

【図表6-8】　ある月の取引カレンダーの例（斜線は休場日）

第3節　株価指数

株価の動きは、新聞、テレビ、インターネットなどでよく報道されており、特に目にする機会が多いのが「日経平均株価（日経225）」と「TOPIX（東証株価指数）」の2つである。これらは、日本の株式市場全体の動きを表す代表的な指標であり、「株価指数」とよばれている。

まず、日経平均株価は、東京証券取引所の東証プライムに上場している銘柄のうち、日本経済新聞社によって選ばれた225銘柄から算出された株価指数である。例えば、日本企業を代表するトヨタ自動車（7203）やユニクロを展開するファーストリテイリング（9983）などが選ばれている。これらの構成銘柄は定期的に入れ替えられており、現在は春と秋の年2回の見直しが行われている。

また，日経平均株価の算出方法は，基本的には225銘柄の株価の単純平均であり，株価水準の高い銘柄（値がさ株）の影響を受けやすいという特徴がある。ただし，株価指数の連続性を保つために，上述の入れ替えなどによる影響を除去するための修正が施されている。なお，日経平均株価の終値の史上最高値は，2023年までは1989年12月29日の3万8,915円であったが，2024年2月22日に約34年ぶりに最高値を更新したことで大きな話題になった。

　次に，TOPIXは，東京証券取引所の東証プライムに上場している銘柄を中心に算出された株価指数である。上述の日経平均株価よりも幅広い銘柄を対象にしている。また，TOPIXの算出方法は，構成銘柄の時価総額に基づいて算出されており，1968年1月4日の時価総額を100としたときの指数となっている。そのため，TOPIXは，時価総額が大きい銘柄（大型株）の影響を受けやすいという特徴がある。

　なお，米国株式市場を代表する株価指数として，「ダウ平均株価（NYダウ）」や「S&P 500」などがあり，これらの動きは日本においても高い注目度を集めている。

【参考文献】

大村敬一・俊野雅司『証券論』有斐閣，2014年。

川北英隆『テキスト　株式・債券投資〈第2版〉』中央経済社，2010年。

榊原茂樹・城下賢吾・岡村秀夫・山口聖・月岡靖智・北島孝博『新・入門証券論』有斐閣，2024年。

中島真志『入門　企業金融論』東洋経済新報社，2015年。

安田嘉明・貞松茂・林裕『金融入門〔改訂版〕』財務経理協会，2014年。

【参考URL】

国税庁ホームページ　https://www.nta.go.jp/index.htm

日本証券クリアリング機構ホームページ　https://www.jpx.co.jp/jscc/

日本取引所グループホームページ　https://www.jpx.co.jp/

第7章

保険の基礎理論

第1節　保険の仕組み
第2節　保 険 契 約
第3節　保険料と保険金
第4節　販売チャネル

第１節　保険の仕組み

　保険は，未来の偶然事故を契約の対象とする制度である。そこで素朴な疑問が浮かんでくる。それは，保険会社はどのようにして未来の偶然事故を契約の対象として引き受けることができるのかということである。どの家が火災に遭うのか，どの自動車が事故を起こすのか，誰がいつ死ぬのかといったことは全くの未知数である。この問題を解決するために，保険制度は確率論を応用している。すなわち，大数の法則とよばれているものがそれである。家庭生活や企業活動に支障を与える可能性のある偶然事故は，これを個別に観察するかぎりおいては全く偶然に発生しているとしか思えない。しかし，同じような出来事を大量に観察していくと，そこにある確率が見出されるというのが大数の法則である。例えば，火災に遭った家を一軒だけ眺めていても，そこからは何もわからないが，火災という出来事を大量に観察してみると，ある確率の下で火災が発生していることがわかるというものである。

　この大数の法則を説明するためによく引き合いに出されるのが，サイコロの話である。サイコロを振って１の目が出る確率は６分の１である。サイコロには面が６つしかないので，至極当然の結論である。しかし，サイコロを６回振ってみると，必ず１の目が１回出るというわけではなく，２回出ることもあれば，全く出ないこともある。しかし，確率は６分の１である。これを証明するためには，サイコロを振る回数を限りなく増やしていけばよいのである。サイコロを振る回数を100回，1,000回，10,000回と増やしていけば，各々の目が出る確率は６分の１に近づいていくのである。このことから，一見偶然に起こっているとしか思えないような出来事も，それを大量に観察していくと，そこにある確率が見出され，その数値は信頼できるものであるということがわかる。つまり，火災や自動車事故や人間の死亡といった偶然事故も，これを事故発生率や死亡率という数字によって予測することができるということである。この数字に基づいて，保険会社は保険制度を維持するために必要なさまざまな

計算をすることができるというわけである。

このようにして未来の偶然事故を予測する確率が手に入れば、これに基づいて保険契約の際に必要な保険料を合理的に算出することができるのである。保険契約の締結にあたっては、保険契約者（＝保険に加入する者）は保険会社に一定の保険料の支払いが義務づけられている。私たちが保険会社に支払う保険料は、将来の保険金支払いの財源となる純保険料と、保険会社の営業費となる付加保険料の合計額であるが、ここでは純保険料と事故発生時に保険会社から受け取る保険金との関係を、次のような公式で考えてみよう。すなわち、「保険加入者数×1人当たりの純保険料＝事故発生件数×1人当たりの保険金」という公式である。この公式を収支相等の原則という。

簡単な例をあげて説明してみることにする。ある地域に1,000万円相当の家が1,000軒あるとする。この地域の火災発生件数は、年間2件（＝全焼）であるとする。さらに、この地域の人たちは、全員同じ損害保険会社と保険金額1,000万円の火災保険契約を締結しているとする。すると、先の公式は次のようになる。

保険加入者数×純保険料＝事故発生件数×保険金
1,000（人）　×　2（万円）＝　　2（件）　×1,000（万円）

この公式が意味するものは、1人2万円の純保険料を負担することで、万一の場合は保険会社から1,000万円の保険金を受け取ることができるということである。保険制度のことを「小さな負担で大きな補償（保障）」という言葉で説明されることがあるのは、このことである。

ところで、保険制度について「保険に入ってもめったに事故など起こらないので、純保険料を支払うのがばからしい」というように考えている人が少なくない。いわゆる「保険は掛け捨てだから損だ」という考え方である。この「掛け捨て」という言葉は、純保険料を支払っても実際に保険金を受け取るのは事故に遭った人たちだけなので、事故に遭わなかった人たちは支払った純保険料が無駄になってしまうという意味で使われることが多い。果たして「保険は、

ばからしい」のだろうか。実は，理論的には，保険制度は決して掛け捨て（＝損）にはなっていないのである。このことを先の収支相等の原則の公式を変形して考えてみると，次のようになる。

$$純保険料 = \frac{事故発生件数}{保険加入者数} \times 保険金$$

　これはすなわち，「純保険料＝事故発生率×保険金」ということであり，純保険料が事故発生率の大きさに基づいて算出されているということである。したがって，事故発生率が大きければ純保険料は高くなり，事故発生率が小さければ純保険料は安くなるというもので，このことから純保険料が合理的に算出されていることがわかる。20歳の男性と50歳の男性が全く同じ保障内容の生命保険に加入する場合，50歳の男性のほうが純保険料が高くなるのは，20歳の男性より50歳の男性のほうが死亡率が大きいからである。このことから，純保険料が合理的に算出されている必要コストであることが理解される。収支相等の原則の公式を変形させたこの公式を給付反対給付均等の原則という。その意味するところは，個々の保険契約者が負担している純保険料は，火災・自動車事故・死亡といった同一のリスクにさらされている人たちの間で，リスクの大きさに見合う分担額を負担しているということである。この純保険料を負担することによって，万一の場合は十分な補償（保障）を受けることが約束されていることが重要なことであり，誰が保険金を受け取ったかは結果論に過ぎないのである。

　また，保険制度を「掛け捨て（＝損）だ」と思っている人たちの誤解の原因の１つに，保険契約を自分と保険会社との１対１の契約だと錯覚していることがあげられる。保険契約は同一のリスクにさらされている人たちが保険団体を形成して，各々のリスク分担額を純保険料という形で負担するという社会的分担機構なのである。いわば１対多（＝保険会社と同一リスクの保険加入者全体）の契約である。このように考えていくと，自分が支払っている純保険料の意味も理解されるであろう。保険制度というのは，いわば「事故に遭わなかっ

第7章　保険の基礎理論

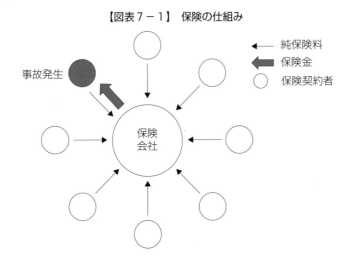

【図表7－1】　保険の仕組み

た人たちの純保険料で，事故に遭った人たちが救済されるという仕組み」なのである。「掛け捨てになった」と思われている純保険料は，事故に遭った人たちが受け取る保険金の一部になっているのであり，保険契約全体の中ではその役割を果たしているのである。保険制度が「1人は万人のために，万人は1人のために」という言葉で説明される理由もそこにある。

第2節　保険契約

　私たちの日常生活や企業活動の周りに潜在しているさまざまなリスクを認識し，それに対抗する手段として保険を利用する場合，直接的には「保険契約」という形で保険に接することになる。保険契約は一定の偶然事故（火災・自動車事故・病気・ケガ・死亡など）の発生を条件として締結されるものであるが，前述したとおり，保険契約は保険料と保険金という1つの資金の流れとしてとらえることができる。保険契約においては保険料の支払義務を負う者を保険契約者といい，偶然事故発生の際に契約内容に即して保険金の支払いをなす者を保険者という。一方，偶然事故発生の際に保険金を受け取る者を，損害保険契

99

約では被保険者，生命保険契約・傷害疾病保険契約では保険金受取人という。また，生命保険契約・傷害疾病保険契約においては，保険金の支払い条件となる者のことを被保険者といい，被保険者の病気・ケガ・生存・死亡などによって死亡保険金や満期保険金，各種給付金が支払われる。

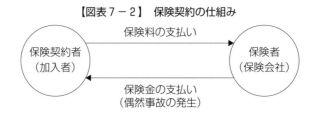

【図表７－２】　保険契約の仕組み

　損害保険契約，生命保険契約，傷害疾病保険契約の性質を簡潔にまとめると，次のようになる。損害保険契約とは，将来の偶然事故の発生が財産上の損害をもたらし，発生した損害の程度に応じて保険金が支払われるというものである。例えば，2,000万円相当の家に保険金額2,000万円の火災保険契約を締結した場合は，発生した損害が全焼であれば2,000万円の保険金が支払われるが，半焼ならば支払われる保険金も半額の1,000万円となる。すなわち，損害保険契約においては「発生した損害を埋め合わせるに足るだけの保険金を支払う」という考えのもとに保険金の額が算出されるのである。この考え方を「損害塡補」という。

　これに対して，生命保険契約とは，将来の偶然事故の発生が人の生死に関わるものであり，事故の発生と支払われる保険金との間には直接的な関係はなく，契約時に定められた金額が自動的に支払われるというものである。物保険を基本とする損害保険の場合は，損害額を客観的に評価できるが，人保険である生命保険の場合は，第三者が人の生死を客観的に金銭で見積もることが困難なので，生命保険に加入する本人が自ら金額を設定し，事故発生の際には，その金額が自動的に支払われるという方法に拠らざるをえないのである。生命保険が「定額保険」といわれるゆえんである。

　傷害疾病保険契約の分野に含まれる保険種類は，傷害保険，医療保険，がん

保険，介護保険などである。傷害疾病保険は，保険金の支払い方法により，人の傷害疾病に基づいて，契約時に定められた金額が自動的に支払われる傷害疾病定額保険と，損害塡補の考え方に基づいて実費で支払われる傷害疾病損害保険に分類される。

【図表 7 - 3】 保険の分類

	第一分野 （生命保険）	第二分野 （損害保険）	第三分野 （傷害疾病保険）
取り扱う 保険会社	生命保険会社	損害保険会社	生命保険会社 および損害保険会社
保険金の 支払方法	契約時に定め られた一定額	実際に生じた 損害額の補償	定額（傷害疾病定額保険） 実損（傷害疾病損害保険）

　ところで，保険契約に際して，私たちには果たさなければならない義務がいくつかある。保険料支払義務，告知義務，通知義務，損害防止義務がそれである。保険契約に際して，保険契約者には，保険会社のリスク負担に対する対価として，保険料支払義務が生じることは前述のとおりである。もしも，保険料の支払いが滞り，一定の猶予期間を経過してもなお保険料が支払われなかった場合は，保険契約が失効することになってしまう。その保険料計算に際して，保険契約者または被保険者の保有しているリスクの大きさが保険料の金額に反映されることは前述したが，そのリスクの大きさを保険会社が知るためには，保険契約者または被保険者にリスクの内容を説明してもらわなければならない。これを告知義務という。保険契約者または被保険者は，リスク測定に必要な重要事項に関する質問に対して「正しく述べる義務」がある。これに反した場合は告知義務違反となり，保険契約の解除または保険金が支払われていた場合は，支払保険金の返還請求がなされる。

　告知義務とならぶいま 1 つの義務に通知義務がある。これには事故発生の通知とリスクの変更・増加の通知の 2 つがある。事故発生の通知は，事故発生の際には速やかに保険会社にその旨を通知することを義務づけたものであり，リスクの変更・増加の通知は，保険契約期間中にリスクの内容に変更が生じた場

合の速やかな通知を義務づけたものである。前者は，事故原因の調査や適切な
損害額算出の機会を逸しないためのものであり，後者は，リスクの変更・増加
に伴い純保険料の再計算の必要性が生じるからである。これらに加えて，損害
防止義務とは損害が拡大することを防ぐ努力をしたかどうかということであり，
損害防止義務を怠った結果として損害が拡大した場合は，損害の拡大を防ぐこ
とができたと認められる金額が損害額から差し引かれることになる。損害防止
義務の例としては，人身事故発生時の被害者の安全確保や火災発生時の消火器
による初期消火などがあげられる。

　保険は補償（保障）を提供することから「人助け」的なイメージがあるが，
保険はあくまでも保険契約者と保険者（＝保険会社）との「契約」であること
を認識し，保険契約上の重要事項を理解することが不可欠である。保険契約締
結時に保険会社から手渡される約款（あるいはこれを平易に解説した契約のし
おり）によって，保険契約者の果たすべき義務や保険会社の責任範囲，保険金
が支払われる場合・支払われない場合などを確認しておく必要がある。

第3節　保険料と保険金

　私たちが保険会社に支払う保険料は，正しくは営業保険料とよばれており，
すべての保険部門において，将来の保険金支払いの財源となる純保険料と，保
険会社の営業費となる付加保険料とから構成されていることは前述したとおり
である。損害保険における純保険料は事故発生率に損害の程度を加味した予定
損害率から算出され，付加保険料は社費や代理店手数料をまかなうために予定
事業費率から算出される。
　一方，生命保険における純保険料は，生命表に基づく予定死亡率に，長期保
険であるがゆえに必要な予定利率が加味されて算出される。生命保険における
予定利率の考え方とは，純保険料の算出にあたって将来の利子分を割り引くと
いうもので，例えば，予定利率4％と仮定すると，純保険料と保険金との関係
は，次のように表される。

第7章　保険の基礎理論

```
純保険料＋予定利子＝保険金
  960  ＋  40  ＝1,000
```

　すなわち，生命保険においては，保険契約者が支払う純保険料は，予定利率によって割り引かれた現価となるのである。このことは一方において，生命保険会社にとっては，予定利率が資産運用の目標値になることを意味する。生命保険会社が保障業務の他に金融業務を営んでいる理論的根拠がここにある。なお，損害保険会社も積立型損害保険の誕生以降，金融業務の必要性が高まってきた。金融業務は資産運用原則に基づいており，安全性の原則（＝投機的な投資は避ける），有利性の原則（＝安全かつ利益が見込まれる投資対象を選択する），多様性の原則（＝特定の投資対象への集中的な投資は避ける），流動性の原則（＝現金化しやすい投資対象を一定割合保つ）という指針である。生命保険会社の付加保険料は，損害保険同様に予定事業費率から算出されるが，その内訳は，新契約費・維持費・集金費に大別される。

【図表7－4】　保障業務と金融業務

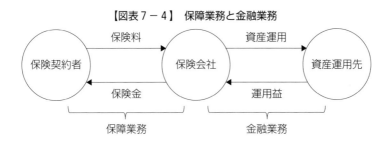

　ところで，生命保険における純保険料算出の際には，いま1つ技術的な工夫がなされている。純保険料の金額はリスクの大きさ，すなわち死亡率の大きさによって決まるので，死亡率どおりに純保険料を算出すると，人間は年齢を重ねるごとに死亡率が上昇することから，保険契約者は老年に近づくにつれて高額の純保険料を負担しなければならなくなる。また，生命保険会社としても毎年純保険料を算出しなければならないという煩雑さを負うことになる。このような純保険料算出の考え方を自然保険料というが，この方式は種々の点で不便

であるので，長期の保険期間中の純保険料が均一となるように，自然保険料の平均化が行われている。この方式を平準保険料といい，これによって生命保険の長期契約が可能になったのである。

　保険金の支払い方法も，損害保険と生命保険とでは異なっている。損害保険における保険金は，被保険利益（＝保険契約の目的となる人と物との利害関係）の経済的価値であり，被保険者が被る損害の最高見積額を意味する保険価額と，保険会社の損害塡補責任の最高限度額を意味する保険金額との関係から算出される。保険価額と保険金額の関係から生じる損害保険の契約形態は，次のとおりである。

> 全部保険……保険価額＝保険金額
> 一部保険……保険価額＞保険金額
> 超過保険……保険価額＜保険金額（ただし超過分は無効となる）

　損害保険の保険金の算出は，損害額に保険価額に対する保険金額の割合を乗じて算出するという，比例塡補の考え方がとられている。

$$損害額 \times \frac{保険金額}{保険価額} = 保険金$$

　したがって，この公式にあてはめてみると，全部保険は発生した損害額の全額が保険金として支払われるので，最も理想的な契約形態であることが理解されるであろう。これに対して，一部保険は保険価額よりも保険金額が小さいので，全額補償が得られないことになる。一部保険の考え方は，理論的には何も間違ってはいないのであるが，一部保険の契約者からの不満もあり，実務上では比例塡補の緩和が行われている。すなわち，保険価額の80％をめどに保険金額を設定すれば，保険金額を限度として，損害額の全額が補償されることになっている。

第7章　保険の基礎理論

$$損害額 \times \frac{保険金額}{保険価額 \times 0.8} = 保険金$$

　例えば，保険価額2,000万円，保険金額1,600万円，損害額1,000万円とすると，比例填補の考え方どおりの公式で算出すれば，保険金は800万円になるが，比例填補の緩和の公式で算出すれば，保険金は1,000万円となるのである。

　保険価額と保険金額との関係から生じるもう1つの契約形態である超過保険については，利得禁止の原則（＝保険契約においては不当な利得は認められないという原則）によって超過部分が無効になる。要するに，損害保険における保険金の支払いは，保険価額に対する保険金額の割合と発生した損害の程度によって決まり，契約時の保険金額と実際に支払われる保険金の金額とは必ずしも一致しないということである。

　一方，生命保険における保険金の支払い方法は，契約時に保険契約者自らが設定した保険金額が，自動的に全額支払われる仕組みであるので，契約時の保険金額と実際に支払われる保険金の金額とは一致する。生命保険は損害保険とは異なり，損害額の客観的な金銭評価が困難であるために，保険価額と保険金額という関係は存在せず，契約時の保険金額があるだけである。損害保険と生命保険という分類は保険法上の分類であるが，保険金の支払い方法という視点で分類するならば，損害保険に対する概念は定額保険である。

第4節　販売チャネル

　伝統的な保険の販売チャネルは，損害保険は代理店，生命保険は営業職員である。損害保険と生命保険とで販売チャネルが異なる理由は，損害保険と生命保険に対するリスク認識の違いがあるからである。損害保険の対象となるリスクは比較的認識しやすいものが多いので，顧客自ら代理店に足を向けることになる。自動車の運転免許を取得して自動車の運転をするようになれば，万一に備えて強制加入の自動車損害賠償責任保険に加えて任意の自動車保険にも加入

するであろうし，マイホームを建設すれば，万一に備えて火災保険や地震保険に加入するといった具合である。一方，生命保険の取り扱う死亡リスクは「縁起でもない出来事」として潜在化しがちになる。そこで，リスクを顕在化させるために生命保険会社のほうから顧客にアプローチする必要があるので，営業職員の存在が不可欠となるのである。

平成8（1996）年の保険業法改正時に導入されたのが，保険ブローカーである。保険ブローカーとは，顧客からの依頼を受けた際に中立の立場で保険契約の仲介をなすものであり，代理店や営業職員とは異なり，特定の保険会社と利害関係を持たないところが特徴である。

代理店・営業職員・保険ブローカーは顧客と直接向き合う販売チャネルであるが，最近ではこの人的要素を排除した新しい販売チャネルが広がりを見せている。DM・TVCM・新聞雑誌広告を見て顧客自らが申し込む方法や，インターネットのホームページから申し込む方法などがそれである。これらの販売チャネルに共通していることは，人的要素を排除していることから人件費がかからないぶん付加保険料部分を削減することができるので，保険料が割安になるということである。

また，平成9（1997）年の保険審議会で保険業の見直しが検討された際に，顧客の利便性に応えるために銀行窓販が認められ，平成12（2000）年から取扱商品が順次解禁されていった。銀行にとってのメリットは手数料収入の増大であり，顧客にとってのメリットはワンストップショッピングによる利便性である。さらに，ショッピングプラザなどに出店している来店型保険ショップなど，販売チャネルが多様化している。

販売チャネルの多様化によって顧客の選択肢も広がってきたが，大別すれば人的要素を重視したものと，保険料の低廉化を謳ったものに分けられる。俗に，保険業は「人と紙の産業」といわれるように，一般的に保険知識に乏しい顧客に対しては，適切な情報提供と十分な説明が必要である。このことは人的要素を排除した販売チャネルにおいても同様である。

第 7 章　保険の基礎理論

【参考文献】

赤堀勝彦『リスクマネジメントと保険の基礎』，経済法令研究会，2003年。

大串敦子・日本生命保険生命保険研究会編『解説　保険法』，弘文堂，2008年。

下和田功編『はじめて学ぶリスクと保険』，有斐閣ブックス，2004年。

林　裕『保険の基礎知識』，税務経理協会，2015年。

吉澤卓哉『保険の仕組み』，千倉書房，2006年。

107

第8章

保 険 経 営

第1節　経営形態の基本分類
第2節　相互会社
第3節　郵便局の保険
第4節　共済・少額短期保険業者
第5節　社 会 保 険

第1節　経営形態の基本分類

　保険事業を経営主体別に分類すると，個人保険，会社保険，組合保険，国営保険という形で整理することができる。個人保険とは，保険の歴史の初期の段階で見られた形態で，個人の保険業者が保険の引受を行うものであるが，現在ではこの形態が見られるのはイギリスのロイズ（Lloyd's）保険市場だけである。この個人保険と会社保険ならびに組合保険が私営保険といわれるもので，国営保険は公営保険である。

　わが国における保険事業の経営主体は，株式会社形態の保険会社，相互会社形態の保険会社，協同組合を母体とする各種共済，国営保険としての社会保険に分類される。株式会社形態の保険会社は，損害保険会社全社，生命保険会社，外資系保険会社，かんぽ生命，少額短期保険業者であり，相互会社形態の保険会社は朝日生命・住友生命・日本生命・富国生命・明治安田生命の5社（令和6（2024）年11月現在），協同組合を母体とするものには，JA共済・こくみん共済（＝全労済）・県民共済・CO-OP共済などがある。

第2節　相　互　会　社

　相互会社は，保険業法に基づいて設立される保険業にのみ認められている企業形態であり，その法的性格は営利も公益も目的としない中間法人とされている。相互会社が法的には非営利保険の範疇に属しているのは，相互会社が組合保険から派生した企業形態であることに由来している。組合保険は本来，組合員の相互扶助を目的としたものであるので，営利保険とは異なる性格と位置づけられているのである。相互会社は組合保険から派生し，会社保険に牽引される形で発展してきたものである。

　したがって，相互会社の構成員は保険契約者たる社員であり，意思決定も平等に1人1票の議決権が与えられ，社員総会において構成員自治が貫徹される

110

第8章 保険経営

ことになる。しかし，今日の相互会社は大量の保険契約者を保有しており，その規模の拡大に伴って，社員総会は実質的に開催不可能となっている。そこで，これに代わる意思決定機関として社員総代会が設けられている。

相互会社を設立するにあたっては，基金拠出者から基金を募り，これをもって事業資金とするが，この基金は後に剰余金で償却されるので，相互会社の経営が軌道に乗り，基金が償却されたあとは，保険契約者たる社員のみを構成員とする企業形態が完成することになる。損益も保険契約者たる社員に帰属し，剰余金は保険契約者たる社員に配当される。このように，相互会社は，株式会社とは異なる特徴を持った企業形態ととらえることができるが，その実態を見てみると，理念的な問題はともかくとして，株式会社とほとんど変わらない姿である。

【図表8－1】 株式会社と相互会社

	株 式 会 社	相 互 会 社
設 立 法 規	会 社 法	保 険 業 法
法 的 性 格	営 利 法 人	中 間 法 人
構 成 員	株 主	保険契約者（社員）
議 決 権	1株1票	1人1票
意思決定機関	株 主 総 会	社員総（代）会
事 業 資 金	資 本 金	基金（後に償却）
損益の帰属	株 主	保険契約者（社員）

相互会社は組合保険から派生したことから，本来，組合員の無限責任と組合員による構成員自治を柱とする相互主義理念が貫かれているべきである。しかし，今日の相互会社は支払保険料を限度とする有限責任となっており，社員総代会も経営陣主導型で運営されているというのが実態である。相互会社が相互会社本来の機能を有していたのは，企業規模の小さかった歴史的にごく初期の段階に限られ，規模の拡大とともに相互主義理念が形骸化し，実質的には株式会社とほとんど変わらない，あるいは，株式会社よりも徹底した経営者支配の企業形態となっていったのである。

111

私たちが保険契約に臨むにあたって，株式会社形態の保険会社を選択するか，相互会社形態の保険会社を選択するかによって，保険契約そのものの内容に大きな違いが生じることはないが，保険契約者としての企業形態上の位置づけは大きく異なっている。株式会社の場合，保険契約者は企業形態の外に位置づけられ，保険契約を介してのみ関わることになるが，相互会社の場合は企業形態の中に位置づけられているのである。

　ところで，相互会社は，株式会社に比べて資金調達面で機動性に欠けるところがあり，この点がバブル崩壊後の逆ざやの発生によって財務体質の悪化を招いた一因となったとの指摘から，バブル崩壊後に相互会社を株式会社に組織変更する動きが加速した。相互会社を株式会社化するにあたっては，保険契約者1人1人の寄与分計算に基づく株主の創造を行うという方法がとられる。すなわち，保険契約期間や払込保険料総額に見合った株式数を配当して，保険契約者に株主になってもらうというものである。相互会社の株式会社化によって，資金調達力の強化，持株会社を使った積極的な事業展開，コーポレートガバナンス機能の強化といったメリットが見込まれる反面，株主の創造に膨大な時間とコストがかかることや，利益配分の問題，企業買収の懸念といったデメリットも指摘されている。

第3節　郵便局の保険

　郵便局の保険は国営の簡易保険として始まり，平成19（2007）年の郵政民営化によって，現在は株式会社形態の「かんぽ生命」となっている。この経緯を概観することにする。

　わが国の簡易保険は，大正5（1916）年に国営保険として創設された。簡易保険創設の背景は，当時の民間生命保険会社が主として中流階級以上の人々を対象としていたことから，民間生命保険の対象にならない低所得者層を対象とした保障の必要性が謳われるようになったことである。このような人たちを対象とするためには，低廉な保険料で簡単な手続きによる安全で強固な経営基盤

第8章　保険経営

のうえでの保険提供が必要であったために，国営保険という形態に落ち着いたのである。国営保険ならば基礎は強固であり，非営利であることから保険料の低廉化も可能であり，また，販売チャネルとして郵便局を利用することで，コストをかけずに全国規模の販売網を確保することができたのである。

　このように，そもそも簡易保険は民間生命保険の対象にならない低所得者層を対象とした，小口・無審査保険として始まったのである。簡易保険創設に際しては，民間生命保険会社に対する「民業圧迫」につながることが懸念されたが，簡易保険は民間生命保険の対象とならない人たちを対象とするものであるから，むしろ「民業補完」であるとの説明がなされ，創設に至ったという経緯がある。しかし，ここで低所得者層という曖昧な範囲を対象としたことで，後に民間生命保険会社との間で競合問題が生じることになる。民間生命保険会社との競合とは，具体的には簡易保険の度重なる加入限度額の引上げと取扱商品の範囲の拡大であり，これをめぐって官民論争が展開されることになる。

　民間生命保険会社は，簡易保険の民業補完の逸脱を指摘し，これに対して簡易保険は，経済状況の向上を背景とした消費者ニーズを盾にして譲らず，論争が咬み合わない水掛け論が長く続いた。こうした中で，簡易保険を国営保険として存続させることの是非が問われるようになり，簡易保険を含む郵政三事業の民営化問題が俎上にのぼるようになったのである。

　民間生命保険会社が最も不満に思っていたことは，簡易保険が国営という絶対的信用を背景として，さまざまな特典のもとで保険募集をしているところであった。そこで，税負担の不要など簡易保険が享受してきた特典を廃して，民間生命保険会社と同じ条件で保険市場に参入すべきとの主張がなされた。簡易保険を含む郵政民営化問題は中央省庁再編時の重要項目の1つであったが，結果的には民営化は一旦先送りされ，郵政公社化で決着し，平成15（2003）年4月1日に日本郵政公社が誕生した。しかし，日本郵政公社発足後もその実態は国営時代とほとんど変わらず，郵政民営化問題が再燃することになる。

　平成16（2004）年9月10日に，将来的には郵政事業を民営・分社化しようという，郵政民営化の基本方針が閣議決定されるに至り，この方針を受けて，平

113

成17（2005）年10月14日に郵政民営化法が成立し，平成18（2006）年4月1日施行，平成19（2007）年10月1日から民営化が開始された。当初，郵政事業は持株会社である「日本郵政株式会社」のもとで，「郵便事業株式会社（＝郵便・物流業）」，「郵便局株式会社（＝郵便局窓口業）」，「株式会社ゆうちょ銀行（＝銀行業）」，「株式会社かんぽ生命（＝生命保険業）」の4社体制に分社化されたが，その後，郵政民営化法が一部改正され，平成24（2012）年10月1日から郵便事業株式会社と郵便局株式会社が統合され「日本郵便株式会社」として再編され，以後3社体制となった。

第4節　共済・少額短期保険業者

　共済の特徴を一般的に定義すれば，「他の主たる事業の遂行に関連して付随的意義を有するもので，限定的な加入者間における相互扶助を目的とするもの」ということができる。各種共済事業は協同組合を母体とした組合保険に属するものである。なお，保険といわずに共済と称しているのは，わが国の保険業法で認められている保険事業の企業形態が株式会社か相互会社に限られているので，保険という言葉が使えないためである。わが国における共済事業としては，JA共済，こくみん共済（全労済），県民共済，CO-OP共済などをあげることができるが，ここでは最も積極的に共済事業を展開してきたJA共済の特徴を見ていくことにする。

　JA共済は，昭和22（1947）年に農業協同組合法により法制化されたものであるが，その本来的な目的は，民間保険会社の補償（保障）にあずかれない農家の諸リスクを協同組合によって補償（保障）するところにある。当初，共済事業は同法において「農業上の災害又はその他の災害の共済に関する施設」と定義されていたが，昭和29（1954）年に共済事業の定義から「災害」の文言がはずれて「共済に関する施設」となったことから，生命共済も取り扱えることになったのである。JA共済は生損保兼営を特徴としており，代表的な商品としては，建物更生共済・自賠責共済・自動車共済・生命共済・年金共済などが

あり，民間生損保会社の取扱商品と同等の機能を果たしている。

　JA共済は，その本来的趣旨からすれば，原則として各種共済を利用できるのはJAの組合員とその家族だけである。しかし，現状では，各種共済種目ごとに2割を限度に非組合員の利用が認められている。また，出資金を拠出して准組合員の資格を得れば，誰でも利用できるようになっており，実質的に民間保険会社と同様に不特定多数を対象とした補償（保障）の提供が行われている。

　なお，かつての無認可共済については，これを少額短期保険業者として，保険業法上の保険業に含め規制の対象とする改正保険業法が，平成18（2006）年4月1日より施行された。少額短期保険業者とは，一定の事業規模の範囲内で，保険金額が少額で，保険期間が短期の保険のみを引き受ける業者のことである。保険金額は，生命保険においては300万円（医療保険は80万円）以下，損害保険においては1,000万円以下である。また，保険期間は，生命保険においては1年（更新可能），損害保険においては2年（更新可能）である。「少額」で「短期」という消費者にわかりやすい商品を提供し，既存の損害保険会社・生命保険会社が商品化してこなかった，時代のニーズにかなった商品を開発することで，そのシェアを拡大してきている。

第5節　社会保険

　社会保険は，「生活の保障・生活の安定」，「個人の自立支援」，「家庭機能の支援」といった社会保障の目的を遂行するための制度の1つであり，対象者全員を強制加入とし，財源も原則として加入者の負担とするものである。わが国の社会保障制度は，社会保険，社会福祉，公的扶助，保健医療・公衆衛生の4つの分野から成り立っている。社会保険も保険であるので，その技術的仕組みに確率論の応用があることなどは民間保険と同様であるが，保険料の徴収方法に大きな違いがある。これは，社会保険が民間保険とは異なる理念のうえに成り立っていることに由来している。

【図表8－2】　社会保障制度の概要

社会保険	医療保険，労働者災害補償保険，雇用保険，介護保険，年金保険
社会福祉	養護老人ホーム，高齢者生活支援，老人クラブ活動，介護サービス利用者支援，児童福祉，保育所運営など
公的扶助	生活扶助，住宅扶助，教育扶助，医療扶助，出産扶助，葬祭扶助，生業扶助など
保健医療・公衆衛生	結核予防，感染症対策，上下水道整備，廃棄物処理など

　民間保険において徴収される保険料は，その算出においてリスクの大きさが影響するものであるが，このことは合理的な根拠に基づいて保険契約者間の公平性が保たれていることを意味している。しかし，その一方で，保険料負担が高額になり負担に耐えられない場合は，保険利用を諦めざるを得ない。これに対して，社会保険の場合は，すべての人に適切な保障機会を提供することが目的であるので，保険料支払能力の乏しい場合は支払能力の範囲内での保険料徴収となる。このように，社会保険の場合は，必ずしもリスクの大きさに見合った保険料徴収がなされているわけではないので，社会保険全体の収支を考えた場合は財源不足が生じることになる。では，不足分は誰が負担するのかといえば，高所得者が一部肩代わりをして支払うことになる。すなわち，社会保険においては，リスクの大きさではなく所得の大きさに比例した保険料徴収になっているのである。あるいは，公的年金制度に見られるように，生産年齢人口が負担した年金保険料が，同時代の老齢人口に年金として支払われるという，世代間扶養という形をとっているのである。

　民間保険の場合は，自分が保有しているリスクの大きさに見合う保険料徴収がなされているという意味において，支払った金額については納得いくものであるが，社会保険の場合は自分が支払っている金額に合理的根拠が見出せない。ここに，社会保険を強制加入にせざるを得ない理由が存在している。もしも，社会保険を任意加入にすれば，自分の保有しているリスクにくらべて徴収される保険料が高額であると感じたグループは社会保険から脱退し，たちまち社会保険は財政難に陥るであろうからである。この「逆選択」を防止するために，

強制加入という形がとられているのである。

【参考文献】

田中周二編『生保の株式会社化』，東洋経済新報社，2002年。

田村祐一郎『社会と保険』，千倉書房，1990年。

林　裕『家計保険論　改訂版』，税務経理協会，2011年。

三上義夫『農協共済の理論と実務』，全国共同出版株式会社，1982年。

水島一也『近代保険論』，千倉書房，1961年。

山口修編『創業75年　簡易保険事業史稿』，簡易保険加入者協会，1991年。

第9章
保険商品

第1節　損害保険商品
第2節　生命保険商品
第3節　ART・インシュアテック・
　　　　ミニ保険

第1節　損害保険商品

　損害保険を大別すれば，企業保険と家計保険に分類される。これは保険料の源泉に基づく分類であり，保険料が資本循環との関わりから生じているものを企業保険，家計所得から支払われているものを家計保険という。わが国の損害保険は企業保険を中心として発展してきたが，消費者ニーズの変化もあって，保険種目別構成比で見ると，今日では家計保険の割合が大きくなっている。

　損害保険は，14世紀末にイタリアで誕生した海上保険に始まり，17世紀にロンドン大火を契機として誕生した火災保険がつづき，新しいリスクが登場すると，その後を追う形で次々と新しい商品が誕生してきた。俗に「リスクあるところに損害保険あり」といわれるように，その種類は多様化している。

　このように，損害保険の種類は極めて多岐にわたるので，本章では主要な損害保険商品を列挙して，これに簡潔な説明を加えることで，損害保険商品を概観することとしたい。

1　海 上 保 険

　海上保険は，財産損害のみならず，海上リスクによって被った船舶および積荷の損害を幅広く補償している。ここでいう海上リスクとは，沈没，転覆，座礁，座州，火災，衝突のことである。海上保険は，船舶保険と貨物海上保険に分類され，貨物海上保険は，さらに外航貨物海上保険と内航貨物海上保険に分類される。

　船舶保険は，あらゆる船舶を保険の目的とし，その補償範囲は，全損，修繕費，共同海損分担額，衝突損害賠償金，損害防止費用であり，これらの補償の組み合わせにより，第1種から第6種までの特別保険約款によって分類される。

　貨物海上保険は，海上輸送される商品その他の貨物を保険の目的とし，その補償対象となる事故は，外航貨物海上保険においては，火災・爆発，船舶または艀の沈没・転覆・座礁・座州，陸上輸送用具の転覆・脱線・衝突，船舶また

第9章 保険商品

は艀への荷積み・荷卸中の一梱包ごとの全損，輸送用具・保管場所への水の浸入，地震・噴火・雷，雨・雪等による濡れ，破損・まがり損・へこみ損・擦損・かぎ損，盗難・抜荷・不着，外的要因による漏出・不足，共同海損・救助料，投荷，波ざらいなどである。これらの危険に対する補償の組み合わせにより，ICC（A），ICC（B），ICC（C）の3つの基本条件に分類される。

内航貨物海上保険は，あらゆる事故を補償するオールリスク担保と，火災・爆発，船舶の沈没・転覆・座礁・座州，陸上輸送用具の転覆・脱線・衝突，航空機の墜落・不時着，共同海損などの特別危険担保の2条件に分類される。

2 運送保険

日本国内を陸上（河川・湖沼を含む）・航空輸送される貨物，ならびに輸送に伴う保管中における貨物が被るさまざまな事故による損害を補償する。運送保険の対象となる貨物は，商品貨物（機械類・繊維品・雑貨・生鮮食料品など），同一工場の各工場間を輸送される製品・半製品，個人の荷物，生動物（牛・豚・馬・活魚など），貨幣・紙幣・有価証券類などである。

補償の対象となる事故とは，火災・爆発，輸送用具の衝突・転覆・脱線・墜落・不時着・沈没・座礁・座州，盗難・不着，破損・まがり損・へこみ損・擦損・かぎ損，雨・雪などによる濡れなどである。

3 火災保険

火災保険は，その名のとおり元々は建物と収容動産（家財・商品等）が火災によって被った損害を補償する保険であったが，さまざまなリスクに対する幅広いニーズに対応するために，今日では担保範囲が拡大され，直接損害（物的損害）のみならず間接損害（費用損害）まで補償されるようになっている。

建物ならびに収容動産を補償する主な火災保険としては，普通火災保険・店舗総合保険・住宅火災保険・住宅総合保険・団地保険などがあるが，ここでは住宅総合保険を例にあげて補償内容を概観することにする。

住宅総合保険において補償される直接損害とは，火災（失火・もらい火・消

火活動による水濡れも含む），落雷，破裂・爆発，風災・雹災・雪災，建物外部からの物体の落下・飛来・衝突・倒壊，水濡れ，騒擾・労働争議などによる暴行・破壊，盗難，水害，持出し家財の損害である。

　一方，間接損害とは，臨時費用，残存物取片付費用，失火見舞費用，傷害費用，地震火災費用（地震火災による費用損害の補償として火災保険の保険金額の５％，ただし上限300万円），損害防止費用である。

4　地　震　保　険

　火災保険普通保険約款においては，地震・噴火・津波による建物・家財の損害は免責となっている。地震保険は，昭和39（1964）年の新潟地震を契機として昭和41（1966）年に創設されたものである。創設以来，幾多の改正を経て，現在の地震保険は火災保険に原則自動付帯となっており，中途付帯も可能となっている。

　地震保険は，火災保険の保険金額の30％～50％の範囲で付帯され，支払われる保険金は，地震保険の保険金額に対して，全損100％，大半損60％，小半損30％，一部損５％である。なお，契約できる保険金額の上限は，建物5,000万円，家財1,000万円である。

5　自動車損害賠償責任保険

　自動車損害賠償責任保険は，昭和30（1955）年に公布された自動車損害賠償保障法に基づいて創設された，無過失責任主義の導入，強制保険化，ノーロス・ノープロフィットの原則，一律の保険料負担を特徴とする自動車保険である。

　自動車損害賠償責任保険は，他人に対する人身事故を補償する対人賠償保険であり，支払われる保険金は，死亡3,000万円，後遺障害4,000万円，傷害120万円をそれぞれ上限としている。

　なお，無保険車による事故や加害車両が特定できない場合は，自動車損害賠償保障事業（政府の保障事業）から，自動車損害賠償責任保険に準じた補償を受けることができる。

第9章　保険商品

6　任意の自動車保険

　自動車損害賠償責任保険は，公道を走るすべての自動車・バイクを対象とした強制加入の自動車保険であるが，保険金額の問題と補償範囲の問題から，任意の自動車保険も必要とされている。保険金額の問題とは高額化する賠償金に対応できないという問題であり，補償範囲の問題とは多様化する事故形態に対応できないという問題である。

　任意の自動車保険の補償範囲は，対人賠償保険，対物賠償保険，自損事故保険，搭乗者傷害保険，無保険車傷害保険，人身傷害補償保険，車両保険と多岐にわたっている。なお，任意の自動車保険の保険料は，等級別料率制度に基づくもので，契約の際には年齢条件の設定もある。

7　自転車保険

　自転車保険は，被害者に対する損害賠償（相手にケガをさせた場合・相手の財物を破壊した場合など）と，被保険者本人の死亡・後遺障害・入院・手術・通院を補償するものである。近年では，自転車事故に対する賠償金の高額化を受けてニーズが高まっている。

8　傷 害 保 険

　傷害保険は，被保険者が「急激かつ偶然な外来の事故」によって身体に傷害を被り，その直接の結果としての死亡・後遺障害・入院・手術・通院を補償の対象とするものである。支払われる保険金は，契約時に定めた日額を基準として算出される。ただし，海外旅行傷害保険の治療費用保険金は，海外の医療事情を考慮して治療費用の実費が支払われる。

　なお，傷害保険は疾病を補償の対象から除外しているが，傷害と疾病が連続して発生して死亡した場合は，傷害と疾病の間の因果関係の有無が死亡保険金支払いの条件となる。

123

9 賠償責任保険

賠償責任保険の特徴は，保険契約の当事者である保険者と保険契約者または被保険者のほかに，保険契約者とは直接関係のない被害者たる第三者の存在が前提とされていることである。すなわち，賠償責任保険においては，保険契約関係と法律上の損害賠償責任関係が併存しており，加害者たる被保険者が損害賠償責任を履行するにあたって被る損害（財産の減少）を補償するという関係になっている。なお，賠償責任保険は，保険契約締結時に損害額を想定することが困難なこと（保険価額が存在しない）から，保険者が支払う保険金の最高限度額を定める塡補限度額方式がとられている。

賠償責任保険は，その補償対象から，企業向け賠償責任保険（施設所有管理者賠償責任保険，昇降機賠償責任保険，生産物賠償責任保険，油濁賠償責任保険，環境汚染賠償責任保険など），専門職業人向け賠償責任保険（医師賠償責任保険，薬剤師賠償責任保険，弁護士賠償責任保険，公認会計士賠償責任保険，税理士賠償責任保険など），個人向け賠償責任保険（個人賠償責任保険，ゴルファー保険，テニス保険，ハンター保険，スキー・スケート保険など）に分類される。

10 動産総合保険

他の保険商品によって補償される動産（船舶，自動車，航空機など）を除く，移動性のあるすべての動産が保険の目的となる。法人の場合は，商品・在庫品，現金・小切手，営業用什器・備品，美術品などが，個人の場合は，カメラ，楽器，絵画などが対象となる。戦争・地震・原子力・自然の消耗などの免責リスクを除く，オールリスク担保の保険であって，対象動産の保管中・使用中・輸送中を問わず補償される。

動産の種類により，特定動産契約（保険の目的となる動産を特定する契約），商品・在庫品包括契約（流通過程にある商品・製品の保管中・輸送中のリスクを包括的に補償する契約），展示契約（展示会・展覧会等への出品物を補償す

第9章　保険商品

る契約）などの契約方式がある。支払われる保険金は，損害保険金に加えて，臨時費用保険金・残存物取片付費用保険金などの費用保険金が支払われる。

11　信用・保証保険

信用保険と保証保険の区分は，引受方法の相違によって行われている。信用保険は，債権者が保険契約者・被保険者となって，債務者の債務不履行によって生じた損害が補償されるものであり，保証保険は，債務者が保険契約者となって，債権者を被保険者として，債務者の債務不履行によって生じた債権者の損害を補償するものである。すなわち，信用保険契約の当事者は債権者（保険契約者・被保険者）と保険会社であり，債務者と保険会社との間には直接の保険契約関係がないのに対して，保証保険契約の当事者は債務者（保険契約者）と債権者（被保険者）と保険会社となる。

信用保険の種類としては，身元信用保険・取引信用保険・住宅資金貸付保険などがあり，保証保険の種類としては，入札・履行保証保険，住宅ローン保証保険などがある。

12　費用・利益保険

費用・利益保険は，偶然事故の発生によって，臨時費用の支出を余儀なくされた場合や利益の喪失によって被った損害を補償するものである。すなわち，事業の操業中断中も事業を継続するために必要な費用（従業員の給与など）や早期復旧のために必要な費用，事故に遭わなかったとしたら得られたであろうと思われる営業利益の喪失が補償されるのである。

費用・利益保険の範疇に属する代表的な商品としては，興行中止保険，天候保険，医療費用保険，介護費用保険，知的財産権訴訟費用保険，ネットワーク中断保険などがある。

13　盗難保険

特定の場所内に収容されている動産が，窃盗や強盗による盗取・毀損・汚損

125

によって被った損害が補償されるが，貨幣・有価証券・貴金属・宝石・美術品などは特約によらなければ補償されない。なお，クレジットカード盗難保険では，保険の目的であるクレジットカードの盗取・詐取・横領または紛失により，他人によって不正使用されたことによって被った損害が補償される。盗難保険は，住宅総合保険・店舗総合保険・動産総合保険にも付帯されている。

14 ガラス保険

ガラス保険では，ショーウインド・ショーケース・ドアガラス・引戸ガラス・鏡ガラス・装飾ガラス・ステンドグラスなどが，偶然事故によって被った損害が補償対象となる。

補償範囲は，ガラス自体の損害（全部破壊・一部破壊・亀裂），取付費用，文字入れ費用，損害防止費用などである。

15 機 械 保 険

機械保険は，稼働可能な状態にある機械，機械設備・装置に生じた偶然事故による損害に対する復旧修理費用を補償するものである。補償の対象となる損害は，従業員または第三者の運転・取扱上の過失，設計・製造・材質・工場製作・組立作業の欠陥，高速回転を伴う機械の破壊，ボイラの低水位による事故（空焚き），凍結事故，落雷事故，他物の衝突・落下事故などである。

支払われる保険金は，損害保険金に加えて，臨時費用保険金，残存物取片付費用保険金が支払われる。

16 組 立 保 険

機械・設備・装置などの据付工事中，組立工事中の偶然事故による損害を補償するものである。対象となる物件は，個別物件（ポンプ，エレベーター，エスカレーター，エンジン，コンプレッサー，モーターなど単体の機械，機械設備・装置），ユニット物件（電気設備・空調設備など複数の機械，機械設備・装置が1つの機能にまとめられた設備・装置），プラント物件（石油化学工場

などのプラント建設工事）に分類される。

組立工事においては工事関係者が広範にわたるため，発注者，請負人，機械・装置のメーカー，機器供給者などのすべての工事関係者が被保険者に含められる。戦争・地震・原子力・自然の消耗などの免責リスクを除いて，オールリスク担保の保険である。

17 建設工事保険

ビル・工場・事務所・マンション・住宅などの建設工事現場において，偶然事故によって被った損害を補償する，オールリスク担保の保険であり，工事の着工から引渡までを保険期間とする。工事の対象物・工事用の材料・工事用の仮設物を対象とするが，解体・撤去・分解・取片付け工事は対象外である。

火災，爆発，落雷，風災，水災，土砂崩れ，盗難，航空機の落下，車両の衝突，設計・施工・材質・制作の欠陥による損害に対して保険金が支払われる。支払われる保険金は損害保険金に加えて，臨時費用保険金，残存物取片付費用保険金，損害防止費用保険金が支払われる。

18 土木工事保険

トンネル工事，ダム工事，上下水道工事，道路工事などの土木工事全般を対象とした，オールリスク担保の保険である。土木工事は，例えばトンネル工事のように，本来安定した自然状況を人為的に工事によって不安定な状況にした中で事故が起こるという特性を持っている。

対象となるのは，本工事・仮設工事・工事用材料・工事用仮設材・現場事務所・宿舎・倉庫・その他の仮設建物である。保険金支払いの対象は建設工事保険のそれと同様であり，損害発生直前の状態に復旧するために必要な費用が保険金として支払われる。

19 ボイラ・ターボセット保険

ボイラ・ターボセット保険は，ボイラ・圧力容器・ターボセットに生じた損

害を補償する保険である。ボイラ保険では，自爆物件とよばれる，ボイラ，圧力容器，圧力配管の破裂・圧潰・膨出・爆発・亀裂によって生じた損害に対して保険金が支払われる。

一方，ターボセット保険では，ボイラ保険と同様，自爆物件とよばれる，ターボセット（蒸気タービン発電設備），スチーム・エンジン，ディーゼル・エンジンの破裂・破壊・過熱によって生じた損害に対して保険金が支払われる。

20 航空保険

航空保険は，航空機・航空貨物・空港施設・人工衛星などを対象とし，機体の物的損害や乗客ならびに機外の第三者に対する損害賠償など，幅広くリスクを補償する。航空保険の種類には，機体保険，乗客賠償責任保険，第三者賠償責任保険，空港所有・管理者賠償責任保険，航空機装備品・予備部品保険，航空貨物賠償責任保険，グライダー保険，飛行船保険，人工衛星保険などがある。

ひとたび航空機事故が発生すれば，その損害額は巨額にのぼるので，昭和27（1952）年に日本航空保険プールが設立され，加盟元受保険者が引き受けた航空保険は，プールに提供することが義務づけられており，プールメンバーに再配分される仕組みになっている。

21 原子力保険

原子力リスクに関しては，1事故当たりの損害額が巨額になることに加えて，疾病の後発性など放射能の及ぼす影響が十分に解明されていないという特殊性を持っている。原子力保険は，昭和35（1960）年に設立された日本原子力保険プールが，元受および再保険の処理を行っている。日本原子力保険プールによって引き受けられた原子力保険は，プールメンバーの責任負担額に応じて割り当てられる。

原子力保険は，原子力損害賠償責任保険と原子力財産保険に分類される。原子力損害賠償責任保険はさらに，原子力施設賠償責任保険・原子力輸送賠償責任保険・原子力船運航者賠償責任保険に分類される。一方，原子力財産保険は

原子力発電所などの建物自体の損害を補償する保険である。

22　積立型損害保険

　積立型損害保険は，偶然事故発生の際に保険金が支払われるのは掛け捨て型損害保険と同様であるが，この保険の特徴は無事故だった場合に支払った保険料の一部に利子が付いて戻ってくるところにある。積立型損害保険誕生の契機は，昭和38（1963）年の保険審議会答申において，「事故のなかった場合には何らかの還付金の支払があるという方式が，日本におけるある層の火災保険契約者の気持ちに合うという面もある」との提唱がなされたことによる。

　積立型損害保険は，純保険料と付加保険料に積立保険料が加算され，この積立保険料が無事故の場合に支払われる満期返戻金の財源になるという仕組みである。積立型損害保険は，保険理論よりも「掛け捨ては嫌だ」という消費者ニーズを反映させた，日本オリジナルの損害保険である。

第2節　生命保険商品

　わが国の生命保険を商品面から見てみると，明治時代の創業期の一時期，終身保険が販売の中核に据えられていた時期があるが，明治後期からは養老保険が中核的な地位を占め，わが国で生命保険といえば養老保険といわれるくらい，養老保険の時代が昭和の半ばまで続き，その後，養老保険を定期保険で補強した定期付養老保険の隆盛期を迎えることとなる。

　その後の商品構成の変化に影響を与えたのが，高齢化社会の進展である。長寿社会を迎えた生命保険市場においては「長生きのリスク」への認識が高まり，養老保険へのニーズが相対的に減少していく中で，一生涯保障を謳った終身保険，特に定期付終身保険と，老後の生活資金確保の目的で個人年金保険のニーズが伸展することとなる。さらに，外資系保険会社の進出により，がん保険，医療保険，生前給付型生命保険（特定疾病保障保険・リビングニーズ特約）が注目されることとなる。

先の損害保険同様，多様化する生命保険を主要な生命保険商品を列挙して，これに簡潔な説明を加えることで概観することとしたい。

1 死亡保険

死亡保険の代表的な商品が，定期保険・終身保険・定期付終身保険である。定期保険は，保険期間が一定期間に限られ，保険期間内に被保険者が死亡した場合に死亡保険金が支払われる商品である。保険期間満了時の満期保険金はない。定期保険には，保険金額が保険期間中一定の定額型のほかに，一定割合で増加する逓増型や，一定割合で減少する逓減型，さらには被保険者が一定期間経過ごとに生存していることを条件に給付金が支払われる生存給付金付定期保険がある。

次に終身保険であるが，この商品は定期保険が一定期間のみの保障であるのに対して，一生涯保障が続くというものであり，保障切れの心配がない。保険料の払込方法には，有期型と終身型の2通りがある。定期付終身保険は終身保険の前半部分に定期保険を上乗せした商品であり，偶然事故の発生によって生じる経済的負担が大きくなる人生の前半部分の保障を充実させることを目的としたものである。

2 生存保険

死亡保険とは反対に，貯蓄要素を重視したものが生存保険である。代表的な商品として，貯蓄保険とこども保険がある。貯蓄保険は，比較的短期契約のものが多く，満期まで生存していることを条件として満期保険金が支払われるという商品である。生命保険なので死亡保険金もついているが，満期保険金と同額かあるいはそれ以上の死亡保険金が支払われるのは災害および法定伝染病による死亡の場合であり，その他の死亡については死亡時までに支払われていた保険料に見合う死亡給付金が支払われる。

次に，こども保険は，こどもの学齢期にあわせて祝金が支払われ，さらに保険期間満了時には満期保険金が支払われるという商品である。なお，保険期間

中に保険契約者である親が死亡した場合は，以後の保険料支払は不要となり，保障は保険期間満了時まで続く。また，保険期間中に被保険者であるこどもが死亡した場合は，死亡給付金が支払われる。

3　生死混合保険

死亡保険と生存保険の合体型とでもいうものが生死混合保険であり，養老保険と定期付養老保険が代表的な商品である。養老保険は，保険期間中の死亡に対しては死亡保険金が，保険期間満了時の生存に対しては満期保険金が支払われることから，保障と貯蓄を同時に手にすることができる。

この養老保険に定期保険を上乗せしたものが定期付養老保険であり，養老保険の死亡保障部分を大きく設計した商品である。

4　医療保険

民間医療保険は，公的医療保険の補完的役割を果たしている。公的医療保険は，原則自己負担3割で医療行為を受けることができるが，それでも医療費が高額になる疾病もあり，また，公的医療保険の対象にならない差額ベッド代の負担などもあるからである。標準的な民間医療保険の保障内容は，災害入院給付金・疾病入院給付金・手術給付金・死亡保険金である。なお，先進医療特約によって先進医療の技術料も支払われるようになっている。

医療保険の中で，がんに特化した医療保険が，がん保険である。がん保険では上記の保障内容に加えて，がんと確定診断された場合に支払われる，がん診断給付金がついている。なお，がんは，ごく早期の場合は自覚症状がないことから，契約の公平性を維持するために90日免責制度が設けられており，契約締結から90日以内の発症に対しては保険金は支払われない。その場合には，契約は解除され，保険料が返還される。

さらに，がん保険には，指定代理請求制度が設けられている。これは，被保険者本人に特別の事情（治療上の都合によって余命宣告を受けていない場合など）がある場合には，保険契約者があらかじめ指定した指定代理請求人（被保

険者の戸籍上の配偶者や直系血族など）が被保険者に代わって保険金を請求できるという制度である。

5　生前給付型生命保険

「生きるための保険」として注目されるようになったものが，生前給付型生命保険である。代表的な商品には，特定疾病保障保険とリビングニーズ特約がある。特定疾病保障保険は，がん・急性心筋梗塞・脳卒中といった特定の疾病により所定の状態になったときに，被保険者の生前に死亡保険金相当額が支払われるという商品である。所定の状態とは，がんについては医師により確定診断された場合であり，急性心筋梗塞と脳卒中については医師の診断を受けた日から60日以上障害状態が続いた場合である。

また，リビングニーズ特約は「余命6か月保険」ともいわれ，疾病・傷害を問わず，余命6か月以内と診断されたときに，被保険者の生前に死亡保険金相当額が支払われるという商品である。特定疾病保障保険もリビングニーズ特約も高額の医療費負担に対するニーズを反映したものであるが，リビングニーズ特約に関しては，余命幾ばくもない被保険者の人生最後の思い出づくりのための経済支援的な要素（人生の最終段階における保障）も含まれている。

6　介 護 保 険

寝たきり・認知症による要介護状態に関する保障については，40歳以上が全員加入している公的介護保険から提供されている。公的介護保険は1割の自己負担で在宅サービスや施設サービスが受けられるというものであるが，公的介護保険の給付上限を超えるサービスや，公的介護保険の給付対象とならないサービス，40歳未満の要介護者は保障の対象外となる。

民間介護保険は，公的介護保険の補完を目的としたもので，契約方法としては主契約での契約，特約での付加，終身保険の保険料払込終了後の移行などがある。保険契約に定める所定の要介護状態になった場合は，保険金を一時金（介護一時金）・年金（介護年金）・一時金と年金の併用のいずれかの方法で受

第9章　保険商品

け取ることができる。

7　個人年金保険

　個人年金保険は，公的年金に対する不安を背景として，そのニーズが高まっ
てきたものである。公的年金に対する不安とは，少子高齢化の進展による財源
問題と給付金額の問題である。公的年金は，生産年齢人口が年金の財源を負担
し，同世代の老齢人口がそれを年金として受け取る仕組みなので，少子化によ
る生産年齢人口の縮小と高齢化による老齢人口の拡大が不安要因となるのであ
る。

　公的年金とは異なり，個人年金保険は年金の財源となる保険料をあらかじめ
支払っておき，一定の年齢に達した時点でそれを自ら年金として受け取る仕組
みなので，老後の生活資金を計画的に確保することができるのである。個人年
金保険は，年金の支払期間と支払条件によって，確定年金・有期年金・終身年
金に分類される。

　確定年金は，年金の支払期間が一定期間であり，被保険者の生死に関わりな
く支払期間中は年金が支払われる。有期年金は，年金の支払期間が一定期間で
あるところは確定年金と同様であるが，年金の支払い条件が被保険者の生存で
あるので，支払期間中に被保険者が死亡した場合には年金の支払いは打ち切り
となる。終身年金は，年金の支払期間が終身であり，被保険者が生存している
限り年金が支払われる。なお，有期年金と終身年金においては，年金支払が開
始された後，被保険者が早期に死亡した場合には，支払保険料総額と受取年金
総額との間に著しい不均衡が生じるおそれがあるので，年金支払開始時から一
定期間は保証期間が設定されている。保証期間中は，被保険者の生死に関わり
なく年金が支払われるという措置がとられている。

8　変額保険・変額年金

　生命保険は本来，定額保険を基本としているが，変額保険は保険期間中ある
いは保険期間満了時に受け取る保険金が，資産運用実績によって変動するとい

133

う商品である。変額保険の保険料は，安全性に留意している定額保険の一般勘定とは切り離されて，特別勘定において収益性を重視して有価証券を中心とした積極的な運用が行われる。運用実績は直接保険金に反映されるので，運用実績に応じて保険金が増減するというわけである。資産運用に関わるリスクは保険契約者に帰属するので，ハイリスク・ハイリターン商品ともよばれている。

変額保険には，養老保険タイプの有期型変額保険と，終身保険タイプの終身型変額保険がある。有期型変額保険は，保険期間中の死亡については死亡保険金が，保険期間満了時まで生存していた場合は満期保険金が支払われる。死亡保険金については，契約時に定められた基本保険金が最低保証されるが，満期保険金には最低保証はなく，運用実績次第では元本割れもあり得る。一方，終身型変額保険は，死亡保障が一生涯続くというもので，支払われる死亡保険金には最低保証がついている。

変額保険と同様に，資産運用実績によって将来受け取る年金の原資が変動するのが変額年金である。変額保険と同様に，資産運用に関わるリスクは保険契約者に帰属する。変額保険も変額年金もインフレ対策商品であり，インフレに弱いという定額保険の弱点をカバーするために，実質的貨幣価値を保全することが目的である。その意味において，変額保険は長期的な経済の動向に連動する商品なのである。

9　信用生命保険

信用生命保険は，住宅ローンなどの債務者を被保険者として，債権者である信用供与機関（銀行など）が保険契約者・保険金受取人となる契約であり，未払債務額と保険金額が同一額となる特殊な生命保険である。

信用生命保険によって，被保険者の死亡・高度障害によって債務の返済が困難になったとしても，支払われる保険金でその債務が相殺されるので，残された家族が債務の返済に窮することを避けることができ，家族の生計の安定が得られることになる。なお，特約をつけることで，がんや特定疾病を保障するものもある。

第9章　保険商品

10　団体保険

　団体保険は，勤労者の福利厚生を目的とした企業保障制度であり，いわば社会保険と個人保険の中間的な位置づけである。団体保険は，保険会社と団体の代表者が，その団体の構成員を一括して被保険者として単一の契約で行うものである。一括募集・文書募集・画一的商品を特徴とするので，事務コストがかからず，個人保険に比べて低廉な保険料で契約することができる。

　団体保険は，その契約方式が個人保険と異なっているが，商品内容は個人保険のそれと同様であり，団体定期保険・団体終身保険・団体養老保険・団体年金保険などが提供されている。

第3節　ART・インシュアテック・ミニ保険

　リスクが多様化・複雑化する中で，保険商品だけでは対応することが困難なリスクが登場してきたことから，新しいリスク処理手段として注目されたものがARTである。ARTとはAlternative Risk Transferの頭文字で，代替的リスク移転と訳される。その特徴は，リスクの移転先を金融市場に求めたところにある。ARTの対象となるリスクは，事故発生率は大きいが1件当たりの損害額は少額となる「少額多発リスク」や，リスクに該当する保険商品が存在しないか存在していても保険料が高額になる「保険入手不能リスク」である。

　ARTの基本的な仕組みは，まず金融機関が発行した債券を投資家が購入し，リスクが発生しなければ投資家は高い利子を受け取り，リスクが発生した場合はリスクの程度に応じて債権の元本が減少するというものである。すなわち，リスクを投資対象として投資家から資金を集めるというものである。填補責任の決め方，保険金の支払い基準，リスクの移転先のいずれか1つでも従来の保険と異なっていれば，ARTとよばれる。ARTは，填補条件が指数と実勢値との関係で決まり，補償金額も損失金を支払う条件（trigger）と実勢値との差から決まる。

135

支払条件さえ満たしていれば，実際に損害が発生していなくても約定金額が支払われる。天候デリバティブを例にあげると，トリガーを8.5℃，0.1℃当たりの受取金を100万円，観測期間中の平均気温を8.9℃とした場合は，トリガーとの差が0.4℃なので400万円が支払われるということになる。

【図表9－1】 保険とARTの相違点

	保 　険	Ａ Ｒ Ｔ
リスク移転先	保 険 市 場	金 融 市 場
保 険 期 間	損害保険は通常1年	償還期間は長期
利 用 目 的	損 害 填 補	資 金 確 保
損 害 調 査	必 　要	不 　要
商 品 特 性	規 格 商 品	オーダーメイド

　このようにARTは，金融市場をリスクの移転先とし，損害調査も不要で損害填補という考え方もとらないので，伝統的な保険商品とはその性格を大きく異にしている。したがって，ARTは新たな保険商品というよりは，従来の保険ではさまざまな制約上実現できなかったリスクを，新たな市場で引き受けるために誕生した，保険の代替手段と位置づけるべきものである。なぜなら，保険，特に損害保険には損害填補原則の適用が求められるものなので，損害填補原則から逸脱しているARTは保険の進化系ではなく，保険とは別物ととらえるべきだからである。

　続いて，インシュアテック（InsurTech）とは，Insurance（保険）とTechnology（技術）を合わせた造語で，IT技術を駆使して効率性や収益性を高める，革新的な保険サービスのことである。AIやビッグデータを活用して，これまでになかった商品やサービスを提供することができるというものである。これまでにない商品とは，保険料や保険期間を柔軟に設定でき，従来対象とならなかったリスクのカバーを可能とするものである。また，これまでにないサービスとは，手続きの効率化や迅速な事故解決，保険料シミュレーションの高度化などである。

いくつか具体例をあげると，損害保険においては，テレマティクス搭載の自動車保険，AIの活用による保険金支払いの迅速化，LINEによる事故受付，チャットボットによる即時回答，ドライブカウンターを活用したキャッシュバックなどである。生命保険においては，医療ビッグデータの活用，AIによる営業職員支援，スマートスピーカーによる脳トレ，ウォーキングアプリの開発，ウェアラブル端末を利用した健康増進，未病予測モデルの開発，生体認証による即時支払いサービスなどである。

インシュアテックによって，自由度の高い商品設計や保険契約者の希望に叶う商品開発や諸手続きの迅速化・簡素化が可能となる。生命保険を例にあげれば，これまで既往症によって一律に加入制限がなされていたものも，医療ビッグデータの活用によって，同じ病気でも個人差があることから，リスクを細分化することにより保険加入の可能性が高まるというものである。保険契約者にとっては，１日単位での保険加入や健康増進など自己努力によって保険料が割安になるなどのメリットがあり，保険会社にとっては，魅力的な商品開発やテクノロジーによる人為的ミスの回避などのメリットがあるが，AIですべてが解決されるわけではないので，事故対応等のサポートシステムとして位置づけられる。

最後に，ミニ保険とは，少額短期保険業者から提供される少額短期保険のことで，その名のとおり，保険金額が少額で短期間加入する商品のことである。既存の保険会社では取り扱っていないような商品もあり，代表的な保険種類としては，家財保険・賠償責任保険・生命保険・医療保険・ペット保険・費用保険などをあげることができる。補償（保障）範囲が限定的なものが多いので内容をよく理解したうえで加入する必要があり，また保険期間も１年更新または２年更新なので，こまめに見直す必要もある。いくつか例をあげると，イベントチケットをキャンセルした場合の費用が補償される「チケットガード」，旅行先で雨が降った場合に補償される「お天気保険」，痴漢と間違われたときにすぐに弁護士にヘルプコールできる「痴漢冤罪保険」など，社会のニーズから誕生した保険が多い。

ただし，ミニ保険に関しては，保険契約者保護機構の対象外であること，生命保険料控除の対象外であること，貯蓄性の商品は扱えないことなど，注意すべき点がいくつかある。リスク対策としての大型補償（保障）が必要な場合は，通常の損害保険商品・生命保険商品を選択すべきであろうが，ライフスタイルに合わせた個別のニーズ対応するうえでは，ミニ保険の活用も選択肢となる。

【参考文献】
木村栄一・野村修也・平澤敦編『損害保険論』，有斐閣，2006年。
TJMOOK『「ミニ保険」完全ガイド』，宝島社，2016年。
土方薫編著『天候デリバティブ』，シグマベイスキャピタル，2000年。
東京海上火災保険株式会社編『損害保険実務講座7　新種保険（上）』，有斐閣，1989年。
東京海上火災保険株式会社編『損害保険実務講座8　新種保険（下）』，有斐閣，1984年。
馬場克三・後藤泰二『保険経済概論』，国元書房，1977年。
林　裕『家計保険論　改訂版』，税務経理協会，2011年。
林　裕『保険の基礎知識』，税務経理協会，2015年。

【索　　引】

銀行（1〜3章）の索引

あ：暗号資産 …………………… 10
インターバンク市場 …………… 13
インフレーション ……………… 35
売りオペ ………………………… 37
運転資金 ………………………… 11
役務取引等利益 ………………… 28
Ｍ１ ……………………………… 5
Ｍ２ ……………………………… 5
Ｍ３ ……………………………… 5
オープン市場 …………………… 13

か：買いオペ ……………………… 37
価値尺度 ………………………… 2
価値の保蔵手段 ………………… 2
貸出金 …………………………… 25
貸出業務 ………………………… 20
株式市場 ………………………… 13
為替業務（決済業務）………… 21
管理通貨制度 …………………… 3
外貨預金 ………………………… 19
外国為替 ………………………… 21
機関投資家 ……………………… 13
企業間の決済
（ホールセール決済）………… 8
基準割引率および基準貸付利率 … 34
キャッシュレス決済 …………… 8
協同組織金融機関 ……………… 17
業務粗利益 ……………………… 27
金本位制 ………………………… 3
金利（利子）…………………… 11
金融緩和 ………………………… 35

金融市場 ………………………… 12
金融システム …………………… 41
金融自由化 ……………………… 22
金融政策 ………………………… 32
金融政策決定会合 ……………… 34
金融仲介機能 …………………… 22
金融調節 ………………………… 34
金融引締め ……………………… 35
金融ビッグバン ………………… 22
金融持株会社 …………………… 22
銀行券 …………………………… 4
銀行の銀行 ……………………… 32
銀証分離 ………………………… 22
クラウドファンディング ……… 30
クレジットカード ……………… 8
経費 ……………………………… 28
決済 ……………………………… 5
決済機能 ………………………… 22
現金準備率（預金準備率）…… 23
現金通貨 ………………………… 4
小切手 …………………………… 19
個人消費の決済（リテール決済）… 8
広域地銀 ………………………… 29
公開市場 ………………………… 12
公開市場操作（オペレーション）… 34
交換手段 ………………………… 2
広義流動性 ……………………… 5
公定歩合 ………………………… 33
公定歩合操作 …………………… 36
公的金融機関 …………………… 16
口座振替 ………………………… 21

139

	国庫金 …………………………… 34	

さ：債券市場 …………………………… 13

債券現先・レポ市場 …………… 13

最後の貸し手 ………………… 45

財政ファイナンス ……………… 34

資金利益 ……………………… 28

システミック・リスク ………… 41

質的緩和政策（信用緩和政策）…… 38

質的・量的金融緩和 …………… 40

支払完了性（ファイナリティ）…… 4

証書貸付 ……………………… 21

信託銀行 ……………………… 17

信用金庫 ……………………… 17

信用組合 ……………………… 17

信用創造機能 ………………… 22

信用創造乗数 ………………… 24

CD（譲渡性預金）……………… 5

CP（コマーシャル・ペーパー）… 13

自己資本比率 ………………… 44

自己資本比率規制 …………… 43

準通貨 ………………………… 4

準備預金制度 ………………… 33

準備率操作 …………………… 36

ストレステスト ……………… 43

世界金融危機 ………………… 40

政策金利 ……………………… 38

政府の銀行 …………………… 34

設備資金 ……………………… 11

ゼロ金利政策 ………………… 39

全銀システム ………………… 21

送金 …………………………… 21

その他業務利益 ……………… 28

た：短期金融市場 ………………… 12

兌換紙幣 ……………………… 3

第二地方銀行（第二地銀）……… 17

地方銀行 ……………………… 17

中央銀行 ……………………… 4

中央銀行デジタル通貨（CBDC）… 10

中央銀行の独立性 …………… 36

中銀当座預金 ………………… 32

長期金融市場 ………………… 13

長期金融機関 ………………… 17

長期信用銀行 ………………… 17

長短金利操作（イールドカーブ・

　コントロール）……………… 39

貯蓄預金 ……………………… 19

Too Big to Fail

　（大きすぎてつぶせない）……… 46

手形 …………………………… 20

手形貸付 ……………………… 20

手形割引 ……………………… 20

定期性預金 …………………… 5

定期積金 ……………………… 19

定期預金 …………………… 5,19

T-Bill（短期国債）…………… 13

出口政策 ……………………… 40

デビットカード ……………… 8

電子マネー …………………… 8

DX ……………………………… 30

都市銀行 ……………………… 17

取り付け ……………………… 41

当座貸越（オーバードラフト）… 21

当座預金 …………………… 4,19

特定取引利益 ………………… 28

な：内国為替 …………………… 21

日本銀行 ……………………… 32

日本銀行券 …………………… 4

日銀当座預金 ………………… 16

索　引

日銀特融 ································ 45
日銀ネット ··························· 33
農業協同組合（JA） ··············· 17
は：派生型預金 ························· 23
発券銀行 ····························· 32
発券集中 ····························· 32
ハイパーインフレーション ········ 35
バーゼルⅢ ··························· 43
バランスシート規制 ················ 42
非伝統的金融政策 ·················· 38
BIS規制（バーゼル規制） ·········· 43
普通株式等Tier 1 ··················· 44
フォワード・ガイダンス
　（時間軸政策） ···················· 39
普通銀行 ····························· 17
普通預金 ····························· 19
振込 ································· 21
物価 ································· 35
物価の安定 ························· 35
プルーデンス政策 ··············· 32
FinTech（フィンテック） ········· 30
ペイオフ ····························· 45
ベイル・イン ······················· 46
法貨規定（legal tender） ············· 4
本源的預金 ························· 23
ま：マイナス金利政策 ··············· 39
マクロ・プルーデンス ············ 42
マネーストック ···················· 5
マネタリーベース
　（ハイパワードマネー） ········· 34
ミクロ・プルーデンス ············ 42
無担保コールレート・
　オーバーナイト物 ·············· 38
モバイル決済 ······················· 8

モラルハザード ····················· 45
や：預金業務 ························· 18
預金通貨 ····························· 4
預金取扱機関 ··················· 16, 17
預金保険制度 ······················· 45
欲求の二重の一致 ·················· 2
ら：利鞘 ····························· 28
リスク資産 ························· 38
流動性 ································· 5
流動性預金（要求払預金） ········· 18
量的緩和政策 ······················· 38

証券（4〜6章）の索引

あ：赤字主体 ························· 50
アクティビスト ····················· 55
アンダーライター業務
　（アンダーライティング） ····· 74, 75
板情報（板） ······················· 84
板寄せ方式 ····················· 86, 87
永久債 ······························· 60
S&P 500 ··························· 93
大引け ······························· 83
終値 ································· 83
か：価格 ····························· 70
価格発見機能の向上 ················ 80
価格変動リスク ····················· 54
価格優先の原則 ····················· 86
買取引受 ····························· 75
貨幣証券 ····························· 48
株価 ································· 53
株価指数 ····························· 92
株式（株券） ······················· 53
株式会社 ····························· 53

141

株主 …………………………… 53	債務不履行リスク ………………… 58
株主総会 ………………………… 55	指値注文 ……………………………… 85
株主優待 ………………………… 54	残額引受 ……………………………… 75
間接金融 ………………………… 52	残余財産分配請求権 ……………… 55
間接発行 ………………………… 70	サムライ債 ………………………… 59
外債 ……………………………… 58	ザラ場 ………………………………… 83
額面価額（額面金額）…………… 57	ザラバ方式 ………………… 87,88
機関投資家 ……………………… 72	資金の移転 ………………………… 50
企業統治 ………………………… 73	市場価格 ……………………………… 60
基準日 …………………………… 91	私設取引システム（PTS）……… 84
共益権 …………………………… 55	資本証券 ……………………………… 48
金融債 …………………………… 58	私募発行 ……………………………… 69
金融商品取引業者 ……………… 74	社債 …………………………………… 58
金融取引 ………………………… 50	社債型種類株式 …………………… 57
金利 ……………………………… 61	種類株 ………………………………… 56
金利変動リスク ………………… 58	証拠証券 ……………………………… 48
議決権 …………………………… 55	将来価値 ……………………………… 62
クーポンレート ………………… 57	償還期間（償還期限）…………… 57
黒字主体 ………………………… 50	償還日 ………………………………… 57
気配値 …………………………… 84	証券取引所 ………………………… 80
決済 ……………………………… 90	証券保管振替機構（ほふり）…… 91
権利落ち日 ……………………… 92	新規株式公開（IPO）…………… 80
権利確定日 ……………………… 91	信用リスク ………………………… 58
権利付最終日 …………………… 92	自益権 ………………………………… 55
現在価値 ………………………… 63	時価総額 ……………………………… 53
小口化 …………………………… 72	時間優先の原則 …………………… 86
固定利付債 ……………………… 59	上場 …………………………………… 80
公共債 …………………………… 58	上場企業 ……………………………… 80
公募発行 ………………………… 69	上場基準 ……………………………… 80
国債 ……………………………… 58	上場廃止 ……………………………… 81
後場 ……………………………… 83	ストップ高 ………………………… 90
コーポレート・ガバナンス …… 73	ストップ安 ………………………… 90
さ：債券 ……………………… 57	制限値幅 ……………………………… 90
債券価格 ………………………… 57	前場 …………………………………… 83

索　　引

増資 ……………………… 53

た：高値 …………………… 83

立会外取引 ……………… 83

立会時間 ………………… 83

立会内取引 ……………… 83

短期債 …………………… 60

単元株 …………………… 86

単元未満株取引 ………… 86

単利 ……………………… 61

ダウ平均株価（NYダウ）… 93

地方債 …………………… 58

直接金融 ………………… 52

直接発行 ………………… 70

中期債 …………………… 60

長期債 …………………… 60

超長期債 ………………… 60

転換社債 ………………… 59

店頭取引 ………………… 71

ディストリビューター業務

（セリング） …………… 74,76

ディーラー業務

（ディーリング） ……… 74,77

デフォルトリスク ……… 58

特別債 …………………… 58

取引所取引 ……………… 71

TOPIX（東証株価指数）………… 92

ToSTNeT（トストネット） ……… 84

な：成行注文 ……………… 85

日経平均株価（日経225） ………… 92

日本証券クリアリング機構

（JSCC） ……………… 90

値幅制限 ………………… 90

ネッティング …………… 91

は：配当金 ………………… 54

始値 ……………………… 83

発行価格 ………………… 57

発行市場 ………………… 68

発行済み株式数 ………… 53

売買単位 ………………… 86

引け ……………………… 83

表面利率 ………………… 57

複利 ……………………… 61

複利効果 ………………… 62

普通株 …………………… 56

物品証券 ………………… 48

ブローカー業務

（ブローキング） ……… 74,76

変動利付債 ……………… 59

本質的価値 ……………… 60

ま：満期 …………………… 57

満期日 …………………… 57

民間債 …………………… 58

や：安値 …………………… 83

有価証券 ………………… 48

有限責任 ………………… 54

優先株 …………………… 56

寄り付き ………………… 83

呼値の単位 ……………… 85

ら：利益配当請求権 ……… 55

利息 ……………………… 61

利率 ……………………… 57

流通市場 ………………… 68,70

流動性 …………………… 70

流動性の確保 …………… 80

理論価格 ………………… 60

リスクの移転 …………… 50

劣後株 …………………… 56

わ：割高 …………………… 61,65

143

割引債 ……………………………… 59
割安 …………………………… 61,65

保険（7〜9章）の索引

あ：一部保険 ………………………… 104
　　医療保険 ………………………… 131
　　インシュアテック ………… 136,137
　　営業職員 …………………… 105,106
　　ART …………………………… 135,136
か：介護保険 ………………………… 132
　　海上保険 ………………………… 120
　　火災保険 ………………………… 121
　　かんぽ生命 ………………… 112,114
　　給付反対給付均等の原則 ………… 98
　　共済 ……………………………… 114
　　銀行窓販 ………………………… 106
　　個人年金保険 …………………… 133
　　告知義務 ………………………… 101
　　告知義務違反 …………………… 101
さ：資産運用原則 …………………… 103
　　死亡保険 ………………………… 130
　　社会保険 ………………………… 115
　　収支相等の原則 ………………… 97
　　傷害疾病保険 ……………… 99,100
　　傷害疾病損害保険 ……………… 101
　　傷害保険 ………………………… 123
　　少額短期保険業者 ………… 115,137
　　地震保険 ………………………… 122
　　自然保険料 ……………………… 103
　　自動車損害賠償責任保険 ……… 122
　　純保険料 …………… 97,98,102,103
　　生死混合保険 …………………… 131

生前給付型生命保険 …………… 132
生存保険 ………………………… 130
全部保険 ………………………… 104
相互会社 ………………………… 110
損害塡補 ………………………… 100
損害防止義務 ……………… 101,102
た：大数の法則 …………………… 96
　　代理店 ………………………… 105
　　超過保険 ……………… 104,105
　　通知義務 ……………………… 101
　　定額保険 ……………… 100,105
な：任意の自動車保険 …………… 123
は：賠償責任保険 ………………… 124
　　被保険者 ……………………… 100
　　被保険利益 …………………… 104
　　比例塡補 ……………………… 105
　　付加保険料 ………… 97,102,103
　　平準保険料 …………………… 104
　　保険価額 ……………………… 104
　　保険金 …… 97,98,99,100,104,105
　　保険金受取人 ………………… 99
　　保険金額 ……………… 104,105
　　保険契約者 …………… 97,99,101
　　保険ブローカー ……………… 106
　　保険料 ……………… 97,100,102
　　保険料支払義務 ……………… 101
ま：ミニ保険 ……………………… 137
や：予定死亡率 …………………… 102
　　予定事業費率 ………… 102,103
　　予定損害率 …………………… 102
　　予定利率 ……………………… 102
ら：利得禁止の原則 ……………… 105

著 者 紹 介

松下　俊平（第1章，第2章，第3章）

熊本学園大学商学部講師

「銀行論」担当

（論　文）

「EUリテール決済市場統合の進展と課題」（日本EU学会年報，2021年）

「コロナ危機下のEU共同債発行―金融市場統合・通貨統合にとっての意義―」
（証券経済学会年報，2022年）

「世界金融危機・ユーロ危機以降のEU銀行業」（商学論集，2024年）

北島　孝博（第4章，第5章，第6章）

熊本学園大学商学部准教授

「証券論」担当

（論　文）

「業種別のクロスセクショナル・モメンタムと市場変動の関係性」（経営研究，
2022年）

「危機時に着目した信用リスクモデルの比較分析－ハザードモデルの予測精
度－」（証券アナリストジャーナル，2018年）

「マーケットのデフォルト・リスクが新規株式公開市場におよぼす影響」（証
券経済研究，共著，2016年）

林　　裕（第7章，第8章，第9章）

熊本学園大学商学部教授

「保険論」「リスクマネジメント」担当

（著　書）

『保険の基礎知識』（税務経理協会，2015年）

『家計保険論　改訂版』（税務経理協会，2011年）

『家計保険論』（税務経理協会，2007年）

『家計保険と消費者意識』（税務経理協会，2003年）

テキスト 金融論入門
―銀行・証券・保険の基礎―

2025年5月10日 初版発行

著　者	松下俊平
	北島孝博
	林　　裕
発行者	大坪克行
発行所	株式会社 税務経理協会

〒161-0033東京都新宿区下落合1丁目1番3号
http://www.zeikei.co.jp
03-6304-0505

製版所	税経印刷株式会社
印刷所	光栄印刷株式会社
製本所	牧製本印刷株式会社

 本書についての
ご意見・ご感想はコチラ

http://www.zeikei.co.jp/contact/

本書の無断複製は著作権法上の例外を除き禁じられています。複製される場合は，そのつど事前に，出版者著作権管理機構（電話03-5244-5088，FAX03-5244-5089, e-mail: info@jcopy.or.jp）の許諾を得てください。

JCOPY ＜出版者著作権管理機構　委託出版物＞

ISBN 978-4-419-07260-5　C3033

© 松下俊平・北島孝博・林　裕 2025 Printed in Japan